プリント形式のリアル過去問で本番の臨場感！

宮城県

古川学園中学校

2025年春 受験用

解答集

本書は，実物をなるべくそのままに，プリント形式で年度ごとに収録しています。
問題用紙を教科別に分けて使うことができるので，本番さながらの演習ができます。

■ 収録内容

・解答集（この冊子です）

書籍ＩＤ番号，この問題集の使い方，最新年度実物データ，リアル過去問の活用，
解答例と解説，ご使用にあたってのお願い・ご注意，お問い合わせ

・2024（令和６）年度 ～ 2021（令和３）年度　学力検査問題

JN132574

○は収録あり	年度	'24	'23	'22	'21		
■ 問題収録		○	○	○	○		
■ 解答用紙		○	○	○	○		
■ 配点							

算数に解説があります

注）国語問題文非掲載：2021年度の二

問題文の非掲載につきまして

著作権上の都合により，本書に収録している過去入試問題の本文の一部を掲載しておりません。ご不便をおかけし，誠に申し訳ございません。

本文の一部を掲載できなかったことによる国語の演習不足を補うため，論説文および小説文の演習問題のダウンロード付録があります。弊社ウェブサイトから書籍ＩＤ番号を入力してご利用ください。

なお，問題の量，形式，難易度などの傾向が，実際の入試問題と一致しない場合があります。

教英出版

■ 書籍ＩＤ番号

入試に役立つダウンロード付録や学校情報などを随時更新して掲載しています。
教英出版ウェブサイトの「ご購入者様のページ」画面で，書籍ＩＤ番号を入力してご利用ください。

書籍ＩＤ番号 109406

（有効期限：2025年9月30日まで）

【入試に役立つダウンロード付録】
「要点のまとめ（国語／算数）」
「課題作文演習」ほか

■ この問題集の使い方

年度ごとにプリント形式で収録しています。針を外して教科ごとに分けて使用します。①片側，②中央のどちらかでとじてありますので，下図を参考に，問題用紙と解答用紙に分けて準備をしましょう（解答用紙がない場合もあります）。

針を外すときは，けがをしないように十分注意してください。また，針を外すと紛失しやすくなりますので気をつけましょう。

① 片側でとじてあるもの

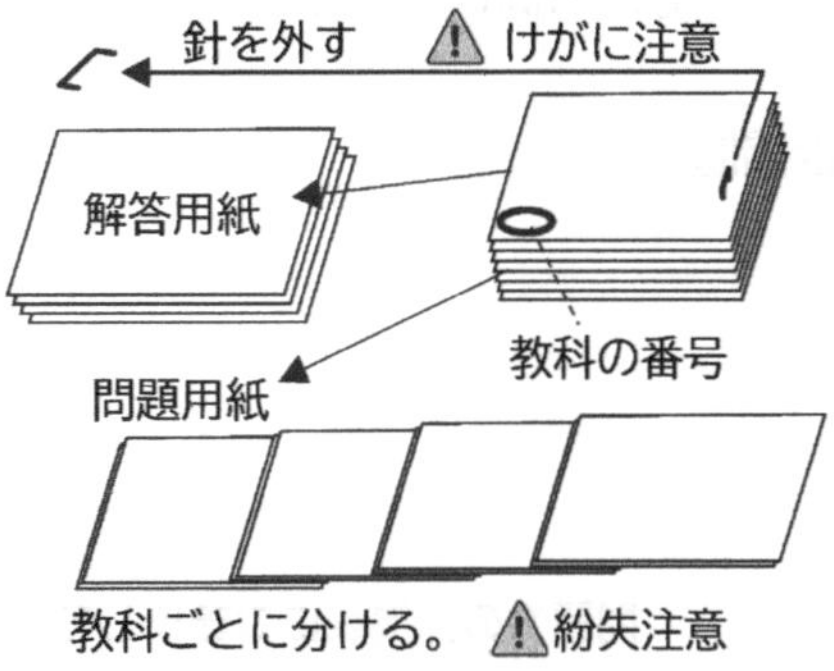

② 中央でとじてあるもの

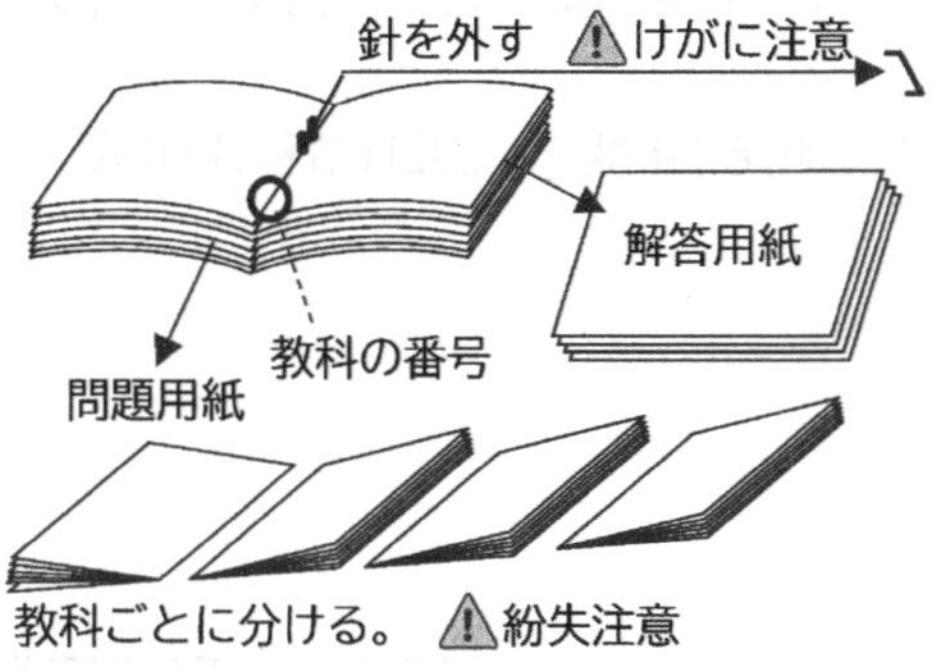

※教科数が上図と異なる場合があります。
解答用紙がない場合や，問題と一体になっている場合があります。
教科の番号は，教科ごとに分けるときの参考にしてください。

■ 最新年度 実物データ

実物をなるべくそのままに編集していますが，収録の都合上，実際の試験問題とは異なる場合があります。実物のサイズ，様式は右表で確認してください。

問題用紙	Ａ４冊子（二つ折り）
解答用紙	国：Ａ３片面プリント 算：Ａ４片面プリント

リアル過去問の活用

～リアル過去問なら入試本番で力を発揮することができる～

本番を体験しよう！

問題用紙の形式（縦向き / 横向き），問題の配置や余白など，実物に近い紙面構成なので本番の臨場感が味わえます。まずはパラパラとめくって眺めてみてください。「これが志望校の入試問題なんだ！」と思えば入試に向けて気持ちが高まることでしょう。

入試を知ろう！

同じ教科の過去数年分の問題紙面を並べて，見比べてみましょう。

① 問題の量

毎年同じ大問数か，年によって違うのか，また全体の問題量はどのくらいか知っておきましょう。どのくらいのスピードで解けば時間内に終わるのか，大問ひとつにかけられる時間を計算してみましょう。

② 出題分野

よく出題されている分野とそうでない分野を見つけましょう。同じような問題が過去にも出題されていることに気がつくはずです。

③ 出題順序

得意な分野が毎年同じ大問番号で出題されていると分かれば，本番で取りこぼさないように先回りして解答することができるでしょう。

④ 解答方法

記述式か選択式か（マークシートか），見ておきましょう。記述式なら，単位まで書く必要があるかどうか，文字数はどのくらいかなど，細かいところまでチェックしておきましょう。計算過程を書く必要があるかどうかも重要です。

⑤ 問題の難易度

必ず正解したい基本問題，条件や指示の読み間違いといったケアレスミスに気をつけたい問題，後回しにしたほうがいい問題などをチェックしておきましょう。

問題を解こう！

志望校の入試傾向をつかんだら，問題を何度も解いていきましょう。ほかにも問題文の独特な言いまわしや，その学校独自の答え方を発見できることもあるでしょう。オリンピックや環境問題など，話題になった出来事を毎年出題する学校だと分かれば，日頃のニュースの見かたも変わってきます。

こうして志望校の入試傾向を知り対策を立てることこそが，過去問を解く最大の理由なのです。

実力を知ろう！

過去問を解くにあたって，得点はそれほど重要ではありません。大切なのは，志望校の過去問演習を通して，苦手な教科，苦手な分野を知ることです。苦手な教科，分野が分かったら，教科書や参考書に戻って重点的に学習する時間をつくりましょう。今の自分の実力を知れば，入試本番までの勉強の道すじが見えてきます。

試験に慣れよう！

入試では時間配分も重要です。本番で時間が足りなくなってあわてないように，リアル過去問で実戦演習をして，時間配分や出題パターンに慣れておきましょう。教科ごとに気持ちを切り替える練習もしておきましょう。

心を整えよう！

入試は誰でも緊張するものです。入試前日になったら，演習をやり尽くしたリアル過去問の表紙を眺めてみましょう。問題の内容を見る必要はもうありません。どんな形式だったかな？受験番号や氏名はどこに書くのかな？…ほんの少し見ておくだけでも，志望校の入試に向けて心の準備が整うことでしょう。

そして入試本番では，見慣れた問題紙面が緊張した心を落ち着かせてくれるはずです。

※まれに入試形式を変更する学校もありますが，条件はほかの受験生も同じです。心を整えてあせらずに問題に取りかかりましょう。

2024 解答例 令和６年度

古川学園中学校

《国　語》

一　問一．１．ア　２．イ　３．ウ　４．ウ　５．イ　問二．１．イ　２．イ　３．イ　４．ア　５．イ

二　問一．ア　問二．⑴絶対　⑵外国語の思考の枠組みを通して、母語の思考の枠組みを見直せるようになること。
問三．エ　問四．ウ　問五．ウ　問六．ｉ．**否**　ii．**担**　iii．**典**　iv．**象**　ｖ．**応**

三　問一．①イ　②エ　問二．１．エ　２．ウ　問三．ア　問四．自分は、決してうらやましがられるような生活をしているわけではないということ。　問五．ウ　問六．互いに少しずつ本音をもらしたことで、千絵ちゃんと少しだけつながった気がしたから。　問七．イ

《算　数》

1　⑴ア→イ→エ→ウ　⑵20.24　⑶２　⑷19　⑸$\frac{2}{3}$　⑹$\frac{1}{5}$　⑺49　⑻６

2　⑴2.5　⑵９時15分　⑶100　⑷20　⑸375　⑹Ｃ→Ａ→Ｂ→Ｅ→Ｄ　⑺４　⑻19.66

3　⑴20　⑵①140　②7.9

4　⑴11　⑵２　⑶直角三角形→台形→五角形→長方形

5　⑴80　⑵12　⑶37

【算数の解説】

1　⑴　アについて，与式＝48＋５＝53　イについて，与式＝24＋10＝34　ウについて，与式＝12－５＝７
エについて，与式＝22＋５＝27なので，大きい順に並べると，**ア→イ→エ→ウ**

⑵　与式＝$\frac{1}{4}\times80+0.06\times4=20+0.24=$**20.24**

⑶　与式＝$\frac{3}{2}\times\frac{14}{9}\times\frac{6}{7}=$**2**

⑷　与式＝$36\times\frac{5}{18}+36\times\frac{1}{4}=10+9=$**19**

⑸　与式＝$0.75\times\frac{2}{3}+0.15\times\frac{2}{3}+0.1\times\frac{2}{3}=(0.75+0.15+0.1)\times\frac{2}{3}=1\times\frac{2}{3}=\mathbf{\frac{2}{3}}$

⑹　与式＝$(\frac{9}{6}-\frac{5}{6})\times(\frac{3}{5}-\frac{3}{10})=\frac{4}{6}\times(\frac{6}{10}-\frac{3}{10})=\frac{2}{3}\times\frac{3}{10}=\mathbf{\frac{1}{5}}$

⑺　35÷５＝７より，□＝７×７＝**49**

⑻　与式より，20－□×３＝10÷５　20－□×３＝２　□×３＝20－２　□×３＝18　□＝18÷３＝**6**

2　⑴　600ｍＬ＝0.6Ｌで，□Ｌの0.24にあたる量が0.6Ｌだから，□＝0.6÷0.24＝**2.5**(Ｌ)

⑵　電車は25分おき，バスは15分おきに発車することから，同時に発車する間隔は，25と15の最小公倍数である75分おきになる。よって，朝８時に電車とバスが同時に出発してから次に電車とバスが同時に出発するのは75分＝１時間15分後の**９時15分**

⑶　**【解き方】濃度４％に対する食塩の量から水を加えたあとの食塩水を求める。**
濃度が６％の食塩水200ｇに含《ふく》まれる食塩の量は，200×0.06＝12(ｇ)である。水を何ｇか加えると，濃度が４％になったことから，食塩の量12ｇが水を加えたあとの４％にあたるので，食塩水の量は12÷0.04＝300(ｇ)となる。よって，加えた水の量は，300－200＝**100**(ｇ)

(4)　$1.6=\frac{16}{10}=\frac{8}{5}$より，$\frac{3}{4}$と$\frac{8}{5}$のどちらにかけても答えが整数となる最も小さい整数は，分母である４と５の最小公倍数である **20**

(5)　牛乳：コーヒー：シロップ＝４：３：１なので，全体の量に対するコーヒーの量の割合は，$\frac{3}{4+3+1}=\frac{3}{8}$である。１L＝1000mL なので，必要なコーヒーの量は，$1000\times\frac{3}{8}=$**375**(mL)

(6)　ＡはＢより速かったことよりＡ→Ｂであり，ＣはＡより速かったことからＣ→ＡよりＣ→Ａ→Ｂであり，ＥはＢより遅かったことからＢ→ＥよりＣ→Ａ→Ｂ→Ｅであり，ＤはＥより遅かったことからＥ→Ｄより

C→A→B→E→D

(7)　正方形の中にある三角形は，直角をはさむ辺が４cmと４÷２＝２(cm)の直角三角形なので，

面積は４×２÷２＝**４**(cm²)

(8)　周りの長さは4.24 cmの辺と３cmの半径２本と半径３cmの半円の曲線部分の合計となるので，

4.24＋３×２＋３×２×3.14÷２＝4.24＋６＋３×3.14＝10.24＋9.42＝**19.66**(cm)

3　(1)　**【解き方】徒歩通学の生徒を４人増やすと，自転車通学の生徒と同じ人数になる。**

徒歩通学の生徒を４人増やすと６年生の人数は36＋４＝40(人)となり，自転車通学の生徒は40÷２＝**20**(人)とわかる。

(2)①　**【解き方】(平均時間)×(人数)＝(合計時間)より求める。**

自転車通学の生徒の平均通学時間は７分なので，自転車通学の生徒の通学時間の合計は，(1)より７×20＝**140**(分)

②　徒歩通学の生徒の平均通学時間は９分なので，徒歩通学の生徒の通学時間の合計は，(1)より９×16＝144(分)となる。よって，36 人の平均通学時間は，(140＋144)÷36＝284÷36＝7.88…より，**7.9**(分)

4　(1)　右のように作図し，Ａの図形を長方形アイウエ，Ｂの図形を直角三角形オカキとする。Ａ，Ｂが重なっている時間は，頂点ウが頂点カに重なってから，頂点イが頂点キに重なるまでである。頂点ウと頂点カが重なるのは５秒後で，頂点イとキが重なるのは，５＋８＋３＝16(秒後)なので，重なっている時間は，16－５＝**11**(秒間)

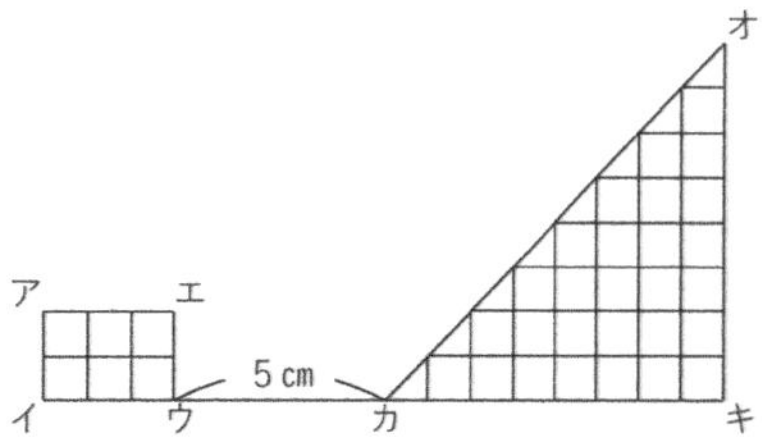

(2)　７秒後にＡとＢが重なってできる図形は，右の図のように直角二等辺三角形であり，辺カウと辺エウの長さは，ともに７－５＝２(cm)だから，この図形の面積は，２×２÷２＝**２**(cm²)

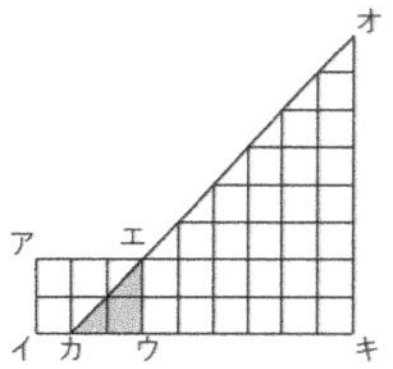

(3)　重なり始めてから，頂点エが辺オカ上にくるまでの重なっている図形は図１のような直角二等辺三角形であり，頂点エが辺オカ上にきてから頂点イが頂点カに重なるまでの重なっている図形は図２のような台形であり，頂点イが頂点カに重なってから頂点アが辺オカ上にくるまでの重なっている図形は図３のような五角形であり，頂点アが辺オカ上にきてから直線イキの長さが２cmになるまでの重なっている図形は図４のような長方形であり，直線イキの長さが２cmのときの重なっている図形は正方形であり，直線イキの長さが２cmより短くなってから，頂点イが頂点キに重なるまでの図形は長方形である。

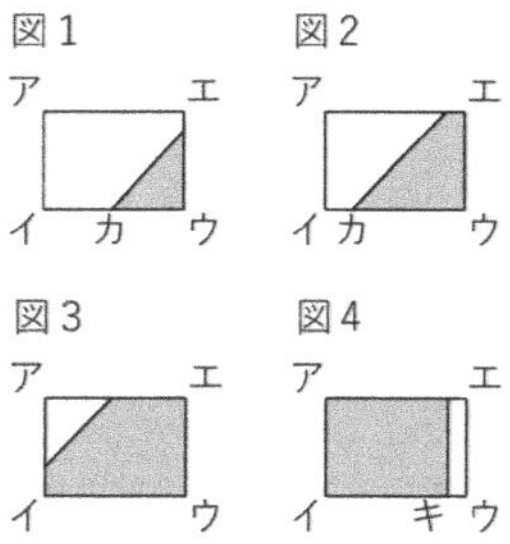

よって，重なってできる図形が，変化していく順は，**直角三角形→台形→五角形→長方形**→正方形→長方形

5 【解き方】グラフ上での２人の関係は右図のようになる。

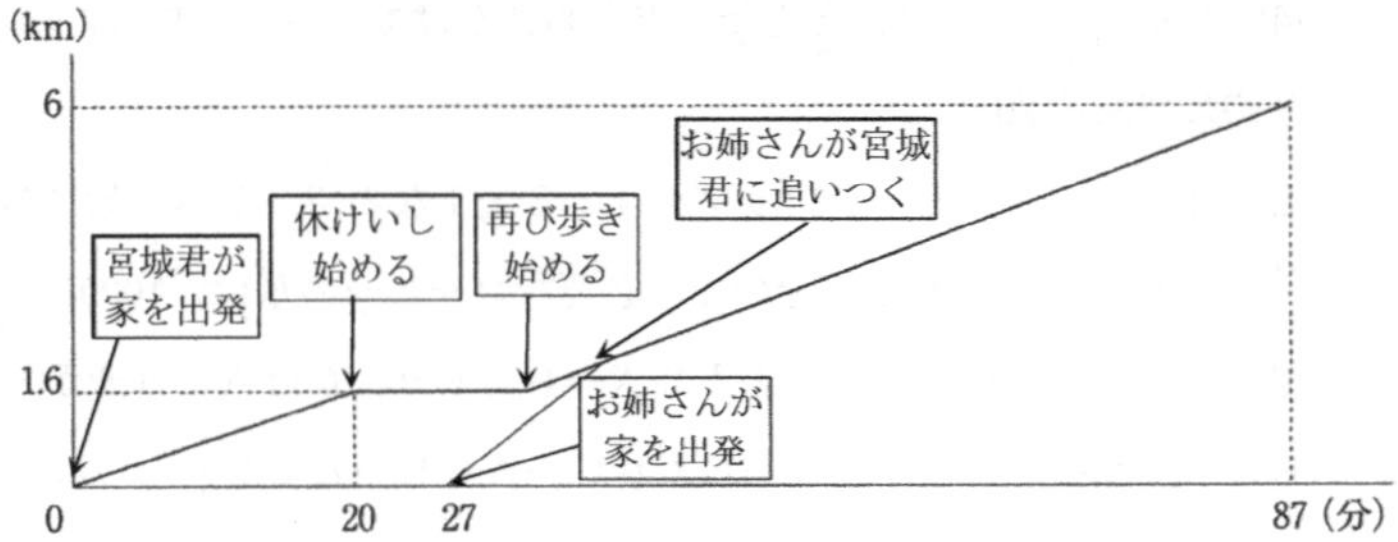

(1) グラフから宮城君は 20 分間で 1.6 km歩いたことがわかり，1.6 km＝1600mから，1600÷20＝80 より分速 **80m**

(2) 6 km＝6000mで，(1)より 6000－1600＝4400(m)の道のりを分速 80mで歩いたときにかかった時間は，4400÷80＝55(分間)だから，休けいを終えて出発した時間は家を出発してから 87－55＝32(分後)なので，休けいした時間は，32－20＝**12**(分間)

(3) 宮城君は出発してから 32 分後，家から 1600m進んだ地点にいる。このとき，お姉さんは 32－27＝５(分間)自転車で進んでいるので，お姉さんは家からの道のりが 200×５＝1000(m)の地点にいるから，２人の間の道のりは 1600－1000＝600(m)である。その後，お姉さんが宮城君に追いつくまで，１分間で２人の間の道のりは 200－80＝120(m)縮まる。よって，お姉さんが宮城君に追いつくのは，宮城君が出発してから，32＋(600÷120)＝**37**(分後)

2023 解答例
令和５年度

古川学園中学校

《国　語》

一　問一．１．ウ　２．ア　３．イ　４．イ　５．イ　問二．１．ア　２．イ　３．イ　４．ア　５．イ

二　問一．あ．ア　い．ア　う．イ　え．イ　お．ア　問二．ウ　問三．エ　問四．仕事の核となるノウハウが、個人の中に築かれた、言葉にして人に伝達するのが困難なものであるという点。　問五．⑴勉強で自分を高めることができると得られる広い視野、観察力、予測力、想像力が、「高い」位置だからこそ可能になるものだから。⑵具体　問六．ア．×　イ．○　ウ．×　エ．○　問七．ⅰ．**印象**　ⅱ．**過程**　ⅲ．**筋道**　ⅳ．**資格**　ⅴ．**構築**

三　問一．ⅰ．エ　ⅱ．ア　問二．エ　問三．ア　問四．日本をなつかしむ写真を飾りながらアメリカ人とつきあっているのは、日本を恋しがるアメリカかぶれと同じだ　問五．エ　問六．ダイの方からマユコに話しかけること。　問七．エ

《算　数》

1　⑴エ→イ→ア→ウ　⑵1.5　⑶$\frac{1}{7}$　⑷20　⑸$\frac{4}{7}$　⑹１　⑺18　⑻３

2　⑴2023　⑵15　⑶８　⑷$17\frac{1}{2}$　⑸480　⑹３番→１番→２番→５番→４番　⑺２　⑻15.7

3　⑴20　⑵①144　②８

4　⑴右図　⑵色／４　⑶260

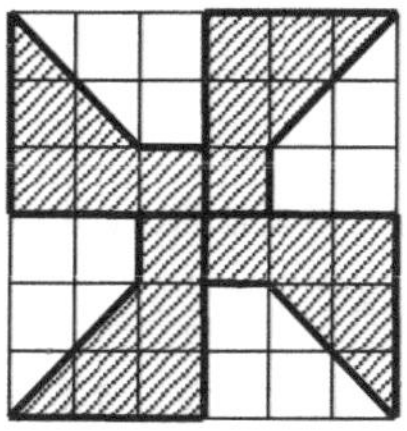

5　⑴18　⑵５　⑶B，ウ

【算数の解説】

1　⑴　ア．与式＝10＋３＝13　イ．与式＝20－６＝14　ウ．与式＝10－３＝７　エ．与式＝20＋６＝26

よって，大きい順で並べると，**エ→イ→ア→ウ**となる。

⑵　与式＝0.75＋0.75＝**1.5**

⑶　与式＝$\frac{3}{7}\times\frac{3}{7}\times\frac{7}{9}=\mathbf{\frac{1}{7}}$

⑷　与式＝$24\times(\frac{5}{24}+\frac{15}{24})=24\times\frac{20}{24}=\mathbf{20}$

⑸　与式＝$\frac{7}{20}\times\frac{5}{7}+\frac{2}{5}\times\frac{5}{7}+\frac{1}{20}\times\frac{5}{7}=(\frac{7}{20}+\frac{8}{20}+\frac{1}{20})\times\frac{5}{7}=\frac{16}{20}\times\frac{5}{7}=\mathbf{\frac{4}{7}}$

⑹　与式＝$(\frac{1}{4}+\frac{1}{2})\div(\frac{3}{2}-\frac{3}{4})=(\frac{1}{4}+\frac{2}{4})\div(\frac{6}{4}-\frac{3}{4})=\frac{3}{4}\div\frac{3}{4}=\mathbf{1}$

⑺　５は45の$5\div45=\frac{1}{9}$(倍)だから，２も□の$\frac{1}{9}$倍なので，□＝$2\div\frac{1}{9}=2\times9=\mathbf{18}$

⑻　与式より，10－□×３＝７÷７　□×３＝10－１　□＝９÷３＝**３**

2　⑴　11.9Ｌ＝11900mL　$11900\times\frac{17}{100}=\mathbf{2023}$(mL)

⑵　**【解き方】Ａさんは３分＝(３×60)秒＝180 秒ごとに，Ｂさんは３分 45 秒＝180 秒＋45 秒＝225 秒ごとに１周するから，180 秒と 225 秒の最小公倍数ごとに２人が同時に出発した地点に戻ってくる。**

２つの数の最小公倍数を求めるときは，右の筆算のように割り切れる数で次々に割っていき，割った数と割られた結果残った数をすべてかけあわせればよい。よって，180 と 225 の最小公倍数は，３×３×５×４×５＝900 だから，出発してから 900 秒ごとに２人は同時に出発した地点に戻ってくる。よって，求める時間は，900÷60＝**15**(分後)

```
3 ) 180  225
3 )  60   75
5 )  20   25
      4    5
```

⑶　**【解き方】食塩水の問題は，うでの長さを濃度《のうど》，おもりを食塩水の重さとしたてんびん図で考えて，うでの長さの比とおもりの重さの比がたがいに逆比になることを利用する。**

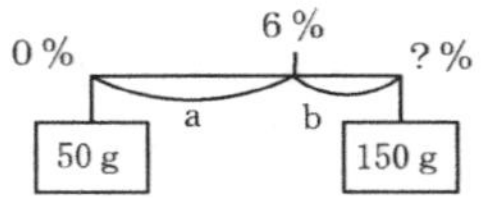

加えた水を０%の食塩水として考えると，右のようなてんびん図がかける。ａ：ｂは，食塩水の量の比である 50：150＝１：３の逆比に等しくなるので，ａ：ｂ＝３：１となる。

これより，ａ：(ａ＋ｂ)＝３：４となり，ａ＝６%なので，ａ＋ｂ＝$6\times\frac{4}{3}$＝８(%)だから，求める濃度は，**８**%である。

⑷　**【解き方】分子がかける２つの分数の分母の公倍数，分母がかける２つの分数の分子の公約数である分数をかければ整数になる。**

$\frac{2}{5}$と$1\frac{3}{7}=\frac{10}{3}$のどちらにかけても整数になる最も小さい分数だから，分子が５と３の最小公倍数である 35，分母が２と 10 の最大公約数である２が，求める分数となる。$\frac{35}{2}=\mathbf{17\frac{1}{2}}$

⑸　(水の重さ)：(砂糖の重さ)＝３：２だから，(砂糖水の重さ)：(砂糖の重さ)＝(３＋２)：２＝５：２

砂糖水の重さは 1.2 kg＝1200 g だから，砂糖の重さは，$1200\times\frac{2}{5}$＝**480**(ｇ)

⑹　**【解き方】１番は２番より高いことを，１番＞２番と表すことにする。**

１番＞２番，４番＜５番，３番＞１番，５番＜２番より，３番＞１番＞２番＞５番＞４番となるので，身長の高い順に並べると，**３番→１番→２番→５番→４番**，の順になる。

⑺　三角形の面積は，１辺が４÷２＝２(㎝)の正方形の面積の半分だから，２×２÷２＝**２**(㎠)

⑻　色のついた部分の図形は，半径４㎝の半円から，半径２㎝の半円１個と半径１㎝の半円２個を切り取った図形だから，求める面積は，４×４×3.14÷２－２×２×3.14÷２－(１×１×3.14÷２)×２＝(８－２－１)×3.14＝５×3.14＝**15.7**(㎠)

3　⑴　Ａ組とＢ組の男女の人数はそれぞれ同じだから，クラスの人数も同じで，72÷２＝36(人)

男子は女子より４人多いので，男子の人数の２倍は 36＋４＝40(人)だから，男子の人数は，40÷２＝**20**(人)

⑵　**【解き方】(平均点)＝(合計点)÷(人数)，(合計点)＝(平均点)×(人数)で，求める。**

①　男子 20 人の平均点が 7.2 点だから，合計点は，7.2×20＝**144**(点)

②　女子 36－20＝16(人)の平均点が９点だから，女子の合計点は，９×16＝144(点)

Ａ組クラス全体の平均点は，(144＋144)÷36＝**８**(点)

4　⑴　図１の図形を，右図の点Ｏを中心に 90°ずつ回転させてできる図を４つ，Ｏを中心にかけばよい。

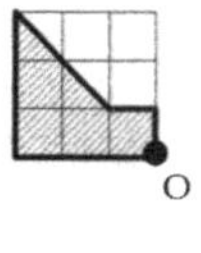

⑵　**【解き方】図２は，図１が４個で出来ていることから，図１で考える。**

図１を見ると，直角二等辺三角形の数は白も色の部分も同じで，色タイルが白タイルより４－３＝１(枚)多い。

よって，１つのかざぐるまで，**色タイルが１×４＝４(枚)多く**必要である。

⑶　【解き方】１つのモチーフは１辺が10×６＝60(cm)で，モザイクアートは１辺が３ｍ＝300 cmであることから，モザイクアート１辺にモチーフが何個並ぶかを考える。

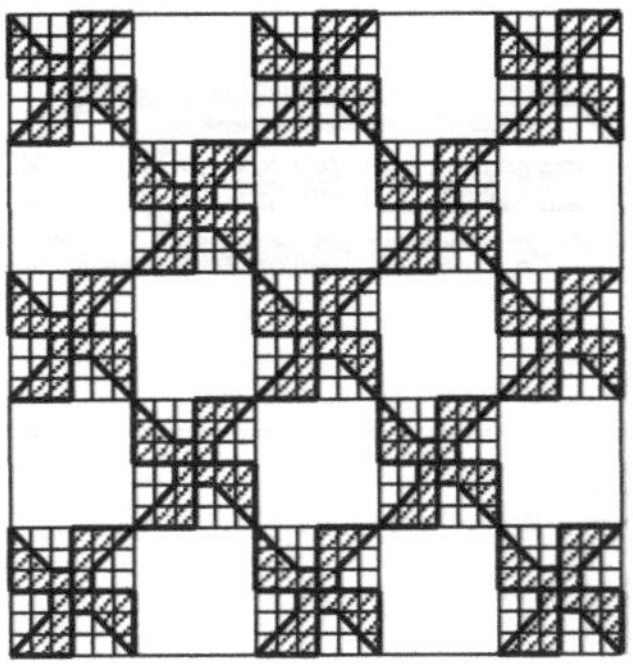

モザイクアート１辺にモチーフが 300÷60＝５(個)並ぶ。左上にかざぐるまのモチーフを設置するから，右図のように，奇数列にかざぐるまのモチーフが３個，偶数列にかざぐるまのモチーフが２個並ぶ。したがって，かざぐるまのモチーフは全部で３×３＋２×２＝13(個)になる。

図１の色タイルは５枚分だから，１つのかざぐるまのモチーフに５×４＝20(枚)ある。

よって，色タイルは全部で，20×13＝**260**(枚)

5　⑴　水そうの容積は 40×50×30＝60000(cm³)，つまり$\frac{60000}{1000}$＝60(Ｌ)で，その 90%は 60×$\frac{90}{100}$＝54(Ｌ)

毎分３Ｌ入れると，54÷３＝**18**(分)かかる。

⑵　蛇口《じゃぐち》Ａを使って３分間水を入れると，３×３＝９(Ｌ)入る。蛇口Ｂで，９分間で残り 54－９＝45(Ｌ)を入れるから，蛇口Ｂから出る水の割合は，毎分(45÷９)Ｌ＝毎分**５**Ｌ

⑶　⑵では，合計で３＋９＝12(分間)水を入れている。０～３分は毎分３Ｌ，３～12 分は毎分５Ｌの割合で水を入れたので，０～３分より３～12 分の方が，直線の傾き方が急になる。したがって，**Ｂ**のグラフになる。

排水は一定の割合で排水されるので，右下がりの直線のグラフになり，水は水そうの中に残るので，14 分になっても０Ｌにならない。したがって，**ウ**のグラフになる。

2022 解答例 令和４年度 ★古川学園中学校

《国　語》

一 問一．１．ウ　２．イ　３．イ　４．イ　５．ウ　問二．１．ウ　２．イ　３．ア　４．ア　５．ウ

二 問一．本を読むべきだと主張している。　問二．耳　問三．東西

問四．ａ．オ　ｂ．ア　ｃ．ウ　ｄ．イ　ｅ．エ　問五．ア．時間をかけず面白いものを消費して忘れる、積み重ねができにくい　イ．じっくり著者の話を聞き、自分の人生に体験として刻み込むような　問六．イ

問七．読書によって、自分一人では体験できないことを擬似体験でき、人生観や人間観を深め、想像力を豊かにし、人格を大きくすることができるということ。　問八．ア．×　イ．○　ウ．×　エ．○

問九．ⅰ．素晴　ⅱ．価値　ⅲ．印象　ⅳ．過半数

三 問一．ⅰ．ウ　ⅱ．ア　問二．自分が家族のためにやりたいことを諦め、高校を中退したことをとても後悔しているので、俊介には同じような思いを絶対にさせたくないという思い。　問三．イ　問四．夫婦の気持ちが大きくへだたり、歩み寄ったり分かり合ったりすることは困難で、重苦しい空気がただよっているということ。

問五．ウ　問六．イ　問七．エ

《算　数》

1 (1)エ→ア→イ→ウ　(2)０　(3)17　(4)$\frac{1}{10}$　(5)$3\frac{1}{2}$　(6)４　(7)９　(8)３

2 (1)2000　(2)60　(3)75　(4)50　(5)A→E→C→B→D　(6)40　(7)56.52　(8)96

3 (1)36　(2)13　(3)96

4 (1)3900　(2)3120　(3)120

5 (1)60　(2)1800　(3)９，15

【算数の解説】

1 (1) ア．与式＝12＋６＝18　イ．与式＝24－12＝12　ウ．与式＝４×２＝８　エ．与式＝24＋３＝27

よって，大きい順で並べると，エ，ア，イ，ウとなる。

(2) 与式$=(12.25-8.05-4.2)\times\frac{2}{7}=0\times\frac{2}{7}=0$

(3) 与式$=48\times\frac{5}{12}-48\times\frac{1}{16}=20-3=17$　(4) 与式$=\frac{3}{5}\times\frac{2}{3}\times\frac{1}{4}=\frac{1}{10}$

(5) 与式$=(\frac{1}{3}+\frac{1}{4})\div(\frac{3}{6}-\frac{2}{6})=(\frac{4}{12}+\frac{3}{12})\div\frac{1}{6}=\frac{7}{12}\times6=\frac{7}{2}=3\frac{1}{2}$

(6) ３は18の$3\div18=\frac{1}{6}$(倍)だから，$\square=24\times\frac{1}{6}=4$

(7) ５は$\frac{7}{2}$の$5\div\frac{7}{2}=\frac{10}{7}$(倍)だから，$\square=6.3\times\frac{10}{7}=9$

(8) 与式より，$8-2\times\square=10\div5$　$2\times\square=8-2$　$\square=6\div2=3$

2 (1) $85\%=\frac{85}{100}=\frac{17}{20}$だから，求める人数は，$1700\div\frac{17}{20}=2000$(人)

(2) 12と15の最小公倍数は60だから，求める時間は60分後である。

(3) ドレッシングとそれにふくまれるオリーブオイルの量の比は$(3+5):5=8:5$だから，求めるオリーブオイルの分量は，$120\times\frac{5}{8}=75$(mL)

(4) **【解き方】ふくまれる食塩の量に注目する。**

6％と5％の食塩水300gにふくまれる食塩の量はそれぞれ，$300\times\frac{6}{100}=18$(g)，$300\times\frac{5}{100}=15$(g)

よって，こぼした食塩の量は18－15＝3(g)だから，こぼした食塩水の量は，$3\div\frac{6}{100}=50$(g)

したがって，加えた水は50gである。

(5) **【解き方】例えばAよりBの方が重いことをA＜Bとし，5人の大小関係をまとめて表す。**

ア．A＜B　イ．D＞B　ウ．E＞A　エ．E＜C　オ．B＞C　アとイよりA＜B＜D，ウ，エ，オよりA＜E＜C＜Bだから，この2つをまとめると，A＜E＜C＜B＜Dとなる。

よって，軽い順に並べると，A，E，C，B，Dとなる。

(6) 二等辺三角形の等しい2つの角が100°の場合，三角形の内角の和が100°×2＝200°より大きくなるから，不適である。よって，等しい2つの角ではない角が100°なのだから，求める角度は，(180°－100°)÷2＝40°

(7) **【解き方】右図のように，面積を変えずに影をつけた部分を移動できる。**

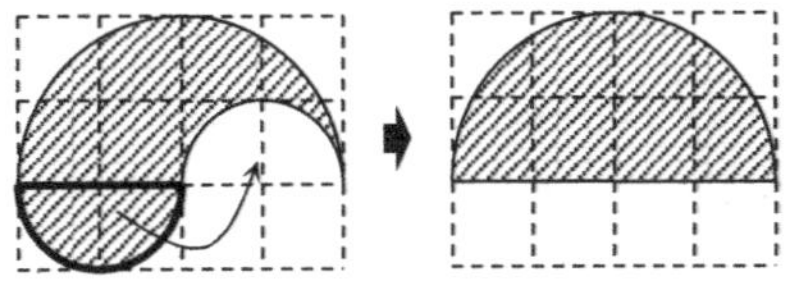

求める面積は，半径が3×2＝6(cm)の半円の面積に等しいから，

6×6×3.14÷2＝18×3.14＝56.52(cm²)

(8) 右図のように，左側の部分を上から2cmのところで底面に平行な面で切り取り，くぼんだところに移動させると，たて4cm，横6cm，高さ4cmの直方体ができるので，求める体積は，4×6×4＝96(cm³)

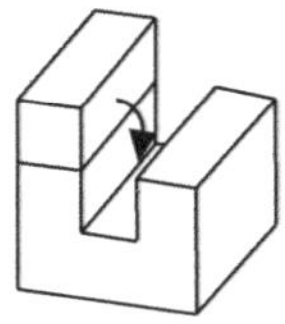

3 (1) **【解き方】ご石の個数は，1回目が1個，2回目が4＝2×2(個)，3回目が9＝3×3(個)，…となっている。**

6回目のご石の個数は，6×6＝36(個)

(2) **【解き方】追加するご石の個数は，1回目を1個と考えると，2回目は3個，3回目は5個，…と，1回目が1個で，回数が1回増えるごとにご石の個数は2個増える。**

25個は1回目よりも25－1＝24(個)多いから，25個追加するのは1＋24÷2＝13(回目)である。

(3) **【解き方】弟が次につくる予定だった正方形は，ご石を15＋4＝19(個)追加する。**

19個追加するのは，1＋(19－1)÷2＝10(回目)である。よって，渡したご石の個数は，10×10－4＝96(個)

4 (1) 商品1個あたりの利益は$3000\times\frac{30}{100}=900$(円)だから，商品1個の定価は，3000＋900＝3900(円)

(2) 定価の2割は$3900\times\frac{2}{10}=780$(円)だから，値引きした商品1個の値段は，3900－780＝3120(円)

(3) **【解き方】つるかめ算を利用する。**

商品1個あたりの利益は，定価で売れた場合が900円，2割引きで売れた場合が900－780＝120(円)である。

200個すべてが2割引きで売れた場合，利益は全部で120×200＝24000(円)となり，実際より117600－24000＝93600(円)低い。2割引きで売れた商品1個を定価で売れた商品1個に置きかえると，利益は900－120＝780(円)高くなるから，定価で売れた商品は，93600÷780＝120(個)

5 (1) 家から図書館までの2400mの道のりを9時－8時20分＝40分で進む予定だったので，求める速さは，分速(2400÷40)m＝分速60m

(2) 公園で10分話し込んだから，公園に着いたのは9時－10分＝8時50分である。よって，家から公園までは分速60mで8時50分－8時20分＝30分歩いたので，求める道のりは，60×30＝1800(m)

(3) 公園から図書館までの道のりは2400－1800＝600(m)で，歩く速さは分速$(60\times\frac{2}{3})$m＝分速40mである。

よって，求める時刻は，9時から600÷40＝15(分後)の9時15分である。

2021 解答例 令和３年度

★古川学園中学校

《国　語》

一　問一．１．ア　２．ウ　３．ア　４．イ　５．ウ　６．ア　　問二．１．ア　２．ア　３．イ　　問三．ア

二　問一．イ　　問二．たくさん読書をするのが良いという内容だろうと思っていたのに、本を読めば読むほどバカになると書いてあったから。　　問三．ア　　問四．⑴読まれたもの　⑵エ　　問五．同じ作品の感想を言い合い、他者との受け止め方の違いを知ることで、視野が広がり、自分の頭でものを考えることにつながる点。
問六．ア．×　イ．×　ウ．○　エ．×　　問七．ⅰ．費　ⅱ．貸　ⅲ．招　ⅳ．蒸発　ⅴ．反応

三　問一．ａ．ア　ｂ．ウ　　問二．ウ　　問三．心の底から野球が好きで、ピッチャーとしてボールを握り、本気でボールを受けてくれる人に向けて、どうしても投げたいと思う気持ち。　　問四．透哉のコントロールの乱れに悩んでいたのは、キャッチャーとして、ピッチャーである透哉を信じきれていなかったということ。
問五．ア．×　イ．×　ウ．○　エ．×　　問六．ア．○　イ．×　ウ．×　エ．○

《算　数》

1　⑴エ→ア→イ→ウ　⑵２　⑶３　⑷10　⑸$4\frac{4}{5}$　⑹$\frac{19}{30}$　⑺５　⑻５

2　⑴２　⑵14　⑶36　⑷30　⑸２　⑹40　⑺56.52　⑻96

3　⑴1000　⑵A→C→D→B　⑶４，46

4　⑴44　⑵1010　⑶420

5　⑴20　⑵270　⑶10，30

【算数の解説】

1　⑴　ア．与式＝24＋４＝28　イ．与式＝32－12＝20　ウ．与式＝24÷４＝６　エ．与式＝32＋２＝34

⑵　与式＝$(17.4-8.5-3.9)\times\frac{2}{5}=5\times\frac{2}{5}=2$

⑶　与式＝$\frac{7}{15}\times60-\frac{5}{12}\times60=28-25=3$

⑷　与式＝$10\div\frac{1}{100}\times\frac{1}{1000}\div\frac{1}{10}=10\times100\times\frac{1}{1000}\times10=10$

⑸　与式＝$6-\frac{4}{5}\times\frac{3}{2}=\frac{30}{5}-\frac{6}{5}=\frac{24}{5}=4\frac{4}{5}$

⑹　与式＝$\frac{7}{3}-(\frac{20}{10}-\frac{3}{10})=\frac{7}{3}-\frac{17}{10}=\frac{70}{30}-\frac{51}{30}=\frac{19}{30}$

⑺　３は21の３÷21＝$\frac{1}{7}$(倍)だから，求める数は，35×$\frac{1}{7}$＝５

⑻　与式より，３×□－７＝４×２　３×□＝８＋７　□＝15÷３＝５

2　⑴　□kgの15％＝$\frac{15}{100}$が300ｇ＝(300×$\frac{1}{1000}$)kg＝0.3kgとなるから，求める数は，0.3÷$\frac{15}{100}$＝0.3×$\frac{100}{15}$＝２

⑵　**【解き方】同じ向きに並べるから，できる正方形の１辺の長さは，３の倍数かつ５の倍数となる。**

よって，一番小さな正方形の１辺の長さは，３と５の最小公倍数である15㎝とわかる。

このとき，縦に15÷３＝５(枚)，横に15÷５＝３(枚)並べるから，色画用紙は全部で５×３＝15(枚)並べる。

したがって，色画用紙はあと15－１＝14(枚)必要である。

⑶　教科書に書いてあるひき肉とたまねぎの分量の割合は，120：45＝８：３である。
よって，必要なたまねぎの分量は，96×$\frac{3}{8}$＝36(ｇ)である。

⑷　**【解き方】14％の食塩水100ｇに含《ふく》まれる食塩の量は，100×$\frac{14}{100}$＝14(ｇ)である。水を蒸発させても食塩の**

量は変わらないので，20％の食塩水になっても，含まれる食塩の量は14ｇである。

20％の食塩水の量は，$14 \div \dfrac{20}{100}$＝70(ｇ)だから，蒸発させる水の量は，100－70＝30(ｇ)である。

(5)　**【解き方】取り出した１＋２＋３＋４＋５＝15(枚)がすべて本物の金貨だった場合の重さを求め，実際の重さとの差から，ニセ金貨が入っていた袋を見つける。**

すべて本物だった場合は10×15＝150(ｇ)であり，実際より150－148＝２(ｇ)多い。本物の金貨１枚をニセ金貨１枚に置きかえると，10－９＝１(ｇ)軽くなるから，15枚のうち，ニセ金貨は２÷１＝２(枚)ある。

よって，ニセ金貨が入っていたのは２の袋である。

(6)　１回転で(50×3.14)㎝進む。よって，62.8ｍ＝6280㎝＝(2000×3.14)㎝の円周上を１周するとき，一輪車は，$\dfrac{2000\times3.14}{50\times3.14}$＝40(回転)する。

(7)　**【解き方】影をつけた部分のうち，太線で囲まれた部分を右図Ⅰの矢印の向きに移動させると，右図Ⅱのようになるから，求める面積は，半径が３＋３＝６(㎝)の半円の面積に等しい。**

図Ⅰ　図Ⅱ

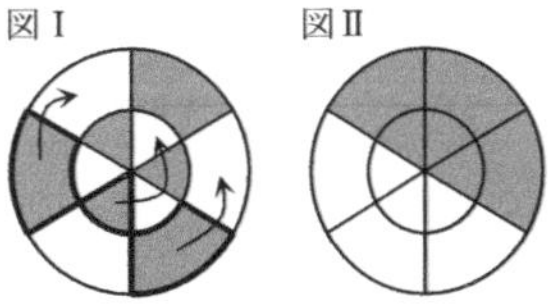

６×６×3.14÷２＝18×3.14＝56.52(㎠)

(8)　底面積は(３＋５)×４÷２＝16(㎠)，高さは６㎝だから，体積は16×６＝96(㎤)

3　(1)　Ａ君は分速250ｍで４分間走ったから，250×４＝1000(ｍ)走った。

(2)　Ａ君はＢ君より早く，Ｃ君より30秒早くゴールした。さらに，Ｃ君とＤ君は１秒差だから，Ａ君は１位である。Ｇさんの発言から，Ｄ君は３位，Ｃ君は最下位ではないので２位だとわかる。よって，Ｂくんは残りの４位である。

(3)　Ａ君とＣ君のタイムの差は30秒，Ｃ君とＤ君のタイムの差は１秒，Ｄ君とＢ君のタイムの差は15秒だから，Ｂ君のタイムは４分＋30秒＋１秒＋15秒＝４分46秒である。

4　**【解き方】各段の右はじの数字を考えると，１段目が２×１，２段目が２×(１＋２)，３段目が２×(１＋２＋３)，４段目が２×(１＋２＋３＋４)，…となるから，ｎ段目は１からｎまでの連続するｎ個の整数の和の２倍とわかる。各段にある数字の個数は，段数に等しい。**

(1)　６段目の右はじの数が２×(１＋２＋３＋４＋５＋６)＝２×21＝42だから，７段目の左はじの数は42＋２＝44である。

(2)　９段目の右はじの数が２×(21＋７＋８＋９)＝２×45＝90だから，10段目の左はじの数が90＋２＝92，10段目の右はじの数が２×(45＋10)＝２×55＝110である。したがって，㋐92から110までの10個の連続する偶数の和を求めればよい。㋐の２倍は，右の筆算より，202×10だから，求める数字は，$\dfrac{202\times10}{2}$＝1010である。

```
   92＋ 94＋ 96＋……＋110
＋)110＋108＋106＋……＋ 92
  202＋202＋202＋……＋202
```

(3)　20段目の右はじの数字は，２×(１＋２＋３＋…＋20)で表される。１から20までの連続する20個の整数の和の２倍は，右の筆算より，21×20だから，求める数字は，$2\times\dfrac{21\times20}{2}$＝420である。

```
   １＋２＋３＋……＋20
＋) 20＋19＋18＋……＋１
   21＋21＋21＋……＋21
```

5　(1)　300÷15＝20(Ｌ)

(2)　１割＝$\dfrac{1}{10}$だから，求める湯量は，300×$(1-\dfrac{1}{10})$＝270(Ｌ)

(3)　**【解き方】湯量が270－５＝265(Ｌ)になればよい。お湯を入れ始めてから５分後の湯量は，20×５＝100(Ｌ)なので，あと265－100＝165(Ｌ)だけお湯が入ればよい。蛇口からお湯を入れ始めてからは，毎分(20＋10)Ｌ＝毎分30Ｌのお湯が入る。**

蛇口からお湯を入れ始めてから165÷30＝5.5(分後)，つまり，５分(60×0.5)秒後＝５分30秒後に湯量が265(Ｌ)になる。よって，求める時間は，５分＋５分30秒＝10分30秒後である。

■ ご使用にあたってのお願い・ご注意

（１）問題文等の非掲載

著作権上の都合により，問題文や図表などの一部を掲載できない場合があります。

誠に申し訳ございませんが，ご了承くださいますようお願いいたします。

（２）過去問における時事性

過去問題集は，学習指導要領の改訂や社会状況の変化，新たな発見などにより，現在とは異なる表記や解説になっている場合があります。過去問の特性上，出題当時のままで出版していますので，あらかじめご了承ください。

（３）配点

学校等から配点が公表されている場合は，記載しています。公表されていない場合は，記載していません。

独自の予想配点は，出題者の意図と異なる場合があり，お客様が学習するうえで誤った判断をしてしまう恐れがあるため記載していません。

（４）無断複製等の禁止

購入された個人のお客様が，ご家庭でご自身またはご家族の学習のためにコピーをすることは可能ですが，それ以外の目的でコピー，スキャン，転載（ブログ，ＳＮＳなどでの公開を含みます）などをすることは法律により禁止されています。学校や学習塾などで，児童生徒のためにコピーをして使用することも法律により禁止されています。

ご不明な点や，違法な疑いのある行為を確認された場合は，弊社までご連絡ください。

（５）けがに注意

この問題集は針を外して使用します。針を外すときは，けがをしないように注意してください。また，表紙カバーや問題用紙の端で手指を傷つけないように十分注意してください。

（６）正誤

制作には万全を期しておりますが，万が一誤りなどがございましたら，弊社までご連絡ください。

なお，誤りが判明した場合は，弊社ウェブサイトの「ご購入者様のページ」に掲載しておりますので，そちらもご確認ください。

■ お問い合わせ

解答例，解説，印刷，製本など，問題集発行におけるすべての責任は弊社にあります。

ご不明な点がございましたら，弊社ウェブサイトの「お問い合わせ」フォームよりご連絡ください。迅速に対応いたしますが，営業日の都合で回答に数日を要する場合があります。

ご入力いただいたメールアドレス宛に自動返信メールをお送りしています。自動返信メールが届かない場合は，「よくある質問」の「メールの問い合わせに対し返信がありません。」の項目をご確認ください。

また弊社営業日（平日）は，午前９時から午後５時まで，電話でのお問い合わせも受け付けています。

2025春

株式会社教英出版
〒422-8054　静岡県静岡市駿河区南安倍３丁目 12-28
TEL　054-288-2131　　FAX　054-288-2133
URL　https://kyoei-syuppan.net/
MAIL siteform@kyoei-syuppan.net

教英出版の親子で取りくむシリーズ

公立中高一貫校とは？適性検査とは？
受検を考えはじめた親子のための
最初の１冊！

「概要編」では公立中高一貫校の仕組みや適性検査の特徴をわかりやすく説明し，「例題編」では実際の適性検査の中から，よく出題されるパターンの問題を厳選して紹介しています。実際の問題紙面も掲載しているので受検を身近に感じることができます。

- 公立中高一貫校を知ろう！
- 適性検査を知ろう！
- 教科的な問題〈適性検査ってこんな感じ〉
- 実技的な問題〈さらにはこんな問題も！〉
- おさえておきたいキーワード

定価：1,078円(本体980+税)

適性検査の作文問題にも対応！
「書けない」を「書けた！」に
導く合格レッスン

「実力養成レッスン」では，作文の技術や素材の見つけ方，書き方や教え方を対話形式でわかりやすく解説。実際の入試作文をもとに，とり外して使える解答用紙に書き込んでレッスンをします。赤ペンの添削例や，「添削チェックシート」を参考にすれば，お子さんが書いた作文をていねいに添削することができます。

- レッスン１ 作文の基本と，書くための準備
- レッスン２ さまざまなテーマの入試作文
- レッスン３ 長文の内容をふまえて書く入試作文
- 実力だめし！入試作文
- 別冊「添削チェックシート・解答用紙」付き

定価：1,155円(本体1,050+税)

絶賛販売中！

詳しくは教英出版で検索

教英出版 検索

URL https://kyoei-syuppan.net/

教英出版　2025年春受験用　中学入試問題集

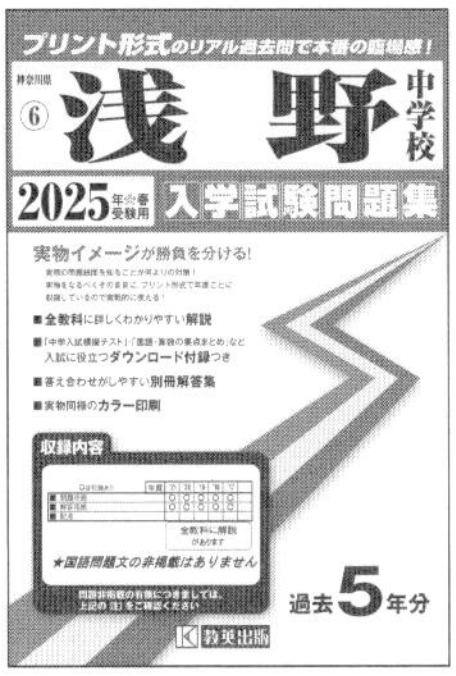

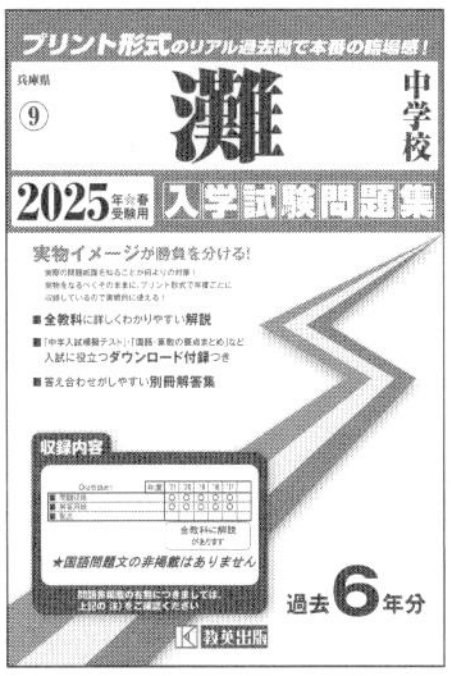

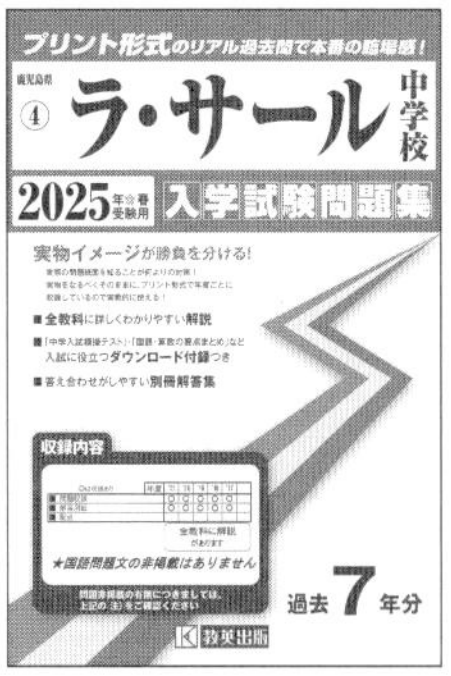

学校別問題集

✿はカラー問題対応

北海道

①[市立]札幌開成中等教育学校
②藤女子中学校
③北嶺中学校
④北星学園女子中学校
⑤札幌大谷中学校
⑥札幌光星中学校
⑦立命館慶祥中学校
⑧函館ラ・サール中学校

青森県

①[県立]三本木高等学校附属中学校

岩手県

①[県立]一関第一高等学校附属中学校

宮城県

①[県立]宮城県古川黎明中学校
②[県立]宮城県仙台二華中学校
③[市立]仙台青陵中等教育学校
④東北学院中学校
⑤仙台白百合学園中学校
⑥聖ウルスラ学院英智中学校
⑦宮城学院中学校
⑧秀光中学校
⑨古川学園中学校

秋田県

①[県立] 大館国際情報学院中学校／秋田南高等学校中等部／横手清陵学院中学校

山形県

①[県立] 東桜学館中学校／致道館中学校

福島県

①[県立] 会津学鳳中学校／ふたば未来学園中学校

茨城県

①[県立] 日立第一高等学校附属中学校／太田第一高等学校附属中学校／水戸第一高等学校附属中学校／鉾田第一高等学校附属中学校／鹿島高等学校附属中学校／土浦第一高等学校附属中学校／竜ヶ崎第一高等学校附属中学校／下館第一高等学校附属中学校／下妻第一高等学校附属中学校／水海道第一高等学校附属中学校／勝田中等教育学校／並木中等教育学校／古河中等教育学校

栃木県

①[県立] 宇都宮東高等学校附属中学校／佐野高等学校附属中学校／矢板東高等学校附属中学校

群馬県

① [県立]中央中等教育学校／[市立]四ツ葉学園中等教育学校／[市立]太田中学校

埼玉県

①[県立]伊奈学園中学校
②[市立]浦和中学校
③[市立]大宮国際中等教育学校
④[市立]川口市立高等学校附属中学校

千葉県

①[県立] 千葉中学校／東葛飾中学校
②[市立]稲毛国際中等教育学校

東京都

①[国立]筑波大学附属駒場中学校
②[都立]白鷗高等学校附属中学校
③[都立]桜修館中等教育学校
④[都立]小石川中等教育学校
⑤[都立]両国高等学校附属中学校
⑥[都立]立川国際中等教育学校
⑦[都立]武蔵高等学校附属中学校
⑧[都立]大泉高等学校附属中学校
⑨[都立]富士高等学校附属中学校
⑩[都立]三鷹中等教育学校
⑪[都立]南多摩中等教育学校
⑫[区立]九段中等教育学校
⑬開成中学校
⑭麻布中学校
⑮桜蔭中学校
⑯女子学院中学校
✿⑰豊島岡女子学園中学校
⑱東京都市大学等々力中学校
⑲世田谷学園中学校
✿⑳広尾学園中学校(第2回)
✿㉑広尾学園中学校(医進・サイエンス回)
㉒渋谷教育学園渋谷中学校(第1回)
㉓渋谷教育学園渋谷中学校(第2回)
㉔東京農業大学第一高等学校中等部(2月1日 午後)
㉕東京農業大学第一高等学校中等部(2月2日 午後)

神奈川県

①[県立] 相模原中等教育学校
　　　　平塚中等教育学校
②[市立]南高等学校附属中学校
③[市立]横浜サイエンスフロンティア高等学校附属中学校
④[市立]川崎高等学校附属中学校
✿⑤聖光学院中学校
✿⑥浅野中学校
⑦洗足学園中学校
⑧法政大学第二中学校
⑨逗子開成中学校(1次)
⑩逗子開成中学校(2·3次)
⑪神奈川大学附属中学校(第1回)
⑫神奈川大学附属中学校(第2·3回)
⑬栄光学園中学校
⑭フェリス女学院中学校

新潟県

①[県立] 村上中等教育学校
　　　　柏崎翔洋中等教育学校
　　　　燕中等教育学校
　　　　津南中等教育学校
　　　　直江津中等教育学校
　　　　佐渡中等教育学校
②[市立]高志中等教育学校
③新潟第一中学校
④新潟明訓中学校

石川県

①[県立]金沢錦丘中学校
②星稜中学校

福井県

①[県立]高志中学校

山梨県

①山梨英和中学校
②山梨学院中学校
③駿台甲府中学校

長野県

①[県立] 屋代高等学校附属中学校
　　　　諏訪清陵高等学校附属中学校
②[市立]長野中学校

岐阜県

①岐阜東中学校
②鶯谷中学校
③岐阜聖徳学園大学附属中学校

静岡県

①[国立]静岡大学教育学部附属中学校
　　(静岡·島田·浜松)
② [県立]清水南高等学校中等部
　 [県立]浜松西高等学校中等部
　 [市立]沼津高等学校中等部
③不二聖心女子学院中学校
④日本大学三島中学校
⑤加藤学園暁秀中学校
⑥星陵中学校
⑦東海大学付属静岡翔洋高等学校中等部
⑧静岡サレジオ中学校
⑨静岡英和女学院中学校
⑩静岡雙葉中学校
⑪静岡聖光学院中学校
⑫静岡学園中学校
⑬静岡大成中学校
⑭城南静岡中学校
⑮静岡北中学校
⑯ 常葉大学附属常葉中学校
　 常葉大学附属橘中学校
　 常葉大学附属菊川中学校
⑰藤枝明誠中学校
⑱浜松開誠館中学校
⑲静岡県西遠女子学園中学校
⑳浜松日体中学校
㉑浜松学芸中学校

愛知県

①[国立]愛知教育大学附属名古屋中学校
②愛知淑徳中学校
③ 名古屋経済大学市邨中学校
　 名古屋経済大学高蔵中学校
④金城学院中学校
⑤椙山女学園中学校
⑥東海中学校
⑦南山中学校男子部
⑧南山中学校女子部
⑨聖霊中学校
⑩滝中学校
⑪名古屋中学校
⑫大成中学校
⑬愛知中学校
⑭星城中学校
⑮名古屋葵大学中学校
　(名古屋女子大学中学校)
⑯愛知工業大学名電中学校
⑰海陽中等教育学校(特別給費生)
⑱海陽中等教育学校(I·II)
⑲中部大学春日丘中学校
新刊⑳名古屋国際中学校

三重県

①[国立]三重大学教育学部附属中学校
②暁中学校
③海星中学校
④四日市メリノール学院中学校
⑤高田中学校
⑥セントヨゼフ女子学園中学校
⑦三重中学校
⑧皇學館中学校
⑨鈴鹿中等教育学校
⑩津田学園中学校

滋賀県

①[国立]滋賀大学教育学部附属中学校
②[県立] 河瀬中学校
　　　　守山中学校
　　　　水口東中学校

京都府

①[国立]京都教育大学附属桃山中学校
②[府立]洛北高等学校附属中学校
③[府立]園部高等学校附属中学校
④[府立]福知山高等学校附属中学校
⑤[府立]南陽高等学校附属中学校
⑥[市立]西京高等学校附属中学校
⑦同志社中学校
⑧洛星中学校
⑨洛南高等学校附属中学校
⑩立命館中学校
⑪同志社国際中学校
⑫同志社女子中学校(前期日程)
⑬同志社女子中学校(後期日程)

大阪府

①[国立]大阪教育大学附属天王寺中学校
②[国立]大阪教育大学附属平野中学校
③[国立]大阪教育大学附属池田中学校

④[府立]富田林中学校
⑤[府立]咲くやこの花中学校
⑥[府立]水都国際中学校
⑦清風中学校
⑧高槻中学校（A日程）
⑨高槻中学校（B日程）
⑩明星中学校
⑪大阪女学院中学校
⑫大谷中学校
⑬四天王寺中学校
⑭帝塚山学院中学校
⑮大阪国際中学校
⑯大阪桐蔭中学校
⑰開明中学校
⑱関西大学第一中学校
⑲近畿大学附属中学校
⑳金蘭千里中学校
㉑金光八尾中学校
㉒清風南海中学校
㉓帝塚山学院泉ヶ丘中学校
㉔同志社香里中学校
㉕初芝立命館中学校
㉖関西大学中等部
㉗大阪星光学院中学校

兵庫県

①[国立]神戸大学附属中等教育学校
②[県立]兵庫県立大学附属中学校
③雲雀丘学園中学校
④関西学院中学部
⑤神戸女学院中学部
⑥甲陽学院中学校
⑦甲南中学校
⑧甲南女子中学校
⑨灘中学校
⑩親和中学校
⑪神戸海星女子学院中学校
⑫滝川中学校
⑬啓明学院中学校
⑭三田学園中学校
⑮淳心学院中学校
⑯仁川学院中学校
⑰六甲学院中学校
⑱須磨学園中学校(第1回入試)
⑲須磨学園中学校(第2回入試)
⑳須磨学園中学校(第3回入試)
㉑白陵中学校
㉒夙川中学校

奈良県

①[国立]奈良女子大学附属中等教育学校
②[国立]奈良教育大学附属中学校
③[県立] 国際中学校
　　　 青翔中学校
④[市立]一条高等学校附属中学校
⑤帝塚山中学校
⑥東大寺学園中学校
⑦奈良学園中学校
⑧西大和学園中学校

和歌山県

①[県立] 古佐田丘中学校
　　　 向陽中学校
　　　 桐蔭中学校
　　　 日高高等学校附属中学校
　　　 田辺中学校
②智辯学園和歌山中学校
③近畿大学附属和歌山中学校
④開智中学校

岡山県

①[県立]岡山操山中学校
②[県立]倉敷天城中学校
③[県立]岡山大安寺中等教育学校
④[県立]津山中学校
⑤岡山中学校
⑥清心中学校
⑦岡山白陵中学校
⑧金光学園中学校
⑨就実中学校
⑩岡山理科大学附属中学校
⑪山陽学園中学校

広島県

①[国立]広島大学附属中学校
②[国立]広島大学附属福山中学校
③[県立]広島中学校
④[県立]三次中学校
⑤[県立]広島叡智学園中学校
⑥[市立]広島中等教育学校
⑦[市立]福山中学校
⑧広島学院中学校
⑨広島女学院中学校
⑩修道中学校
⑪崇徳中学校
⑫比治山女子中学校
⑬福山暁の星女子中学校
⑭安田女子中学校
⑮広島なぎさ中学校
⑯広島城北中学校
⑰近畿大学附属広島中学校福山校
⑱盈進中学校
⑲如水館中学校
⑳ノートルダム清心中学校
㉑銀河学院中学校
㉒近畿大学附属広島中学校東広島校
㉓AICJ中学校
㉔広島国際学院中学校
㉕広島修道大学ひろしま協創中学校

山口県

①[県立] 下関中等教育学校
　　　 高森みどり中学校
②野田学園中学校

徳島県

①[県立] 富岡東中学校
　　　 川島中学校
　　　 城ノ内中等教育学校
②徳島文理中学校

香川県

①大手前丸亀中学校
②香川誠陵中学校

愛媛県

①[県立] 今治東中等教育学校
　　　 松山西中等教育学校
②愛光中学校
③済美平成中等教育学校
④新田青雲中等教育学校

高知県

①[県立] 安芸中学校
　　　 高知国際中学校
　　　 中村中学校

福岡県

① [国立] 福岡教育大学附属中学校（福岡・小倉・久留米）

② [県立]
- 育徳館中学校
- 門司学園中学校
- 宗像中学校
- 嘉穂高等学校附属中学校
- 輝翔館中等教育学校

③西南学院中学校
④上智福岡中学校
⑤福岡女学院中学校
⑥福岡雙葉中学校
⑦照曜館中学校
⑧筑紫女学園中学校
⑨敬愛中学校
⑩久留米大学附設中学校
⑪飯塚日新館中学校
⑫明治学園中学校
⑬小倉日新館中学校
⑭久留米信愛中学校
⑮中村学園女子中学校
⑯福岡大学附属大濠中学校
⑰筑陽学園中学校
⑱九州国際大学付属中学校
⑲博多女子中学校
⑳東福岡自彊館中学校
㉑八女学院中学校

佐賀県

① [県立]
- 香楠中学校
- 致遠館中学校
- 唐津東中学校
- 武雄青陵中学校

②弘学館中学校
③東明館中学校
④佐賀清和中学校
⑤成穎中学校
⑥早稲田佐賀中学校

長崎県

① [県立]
- 長崎東中学校
- 佐世保北中学校
- 諫早高等学校附属中学校

②青雲中学校
③長崎南山中学校
④長崎日本大学中学校
⑤海星中学校

熊本県

① [県立]
- 玉名高等学校附属中学校
- 宇土中学校
- 八代中学校

②真和中学校
③九州学院中学校
④ルーテル学院中学校
⑤熊本信愛女学院中学校
⑥熊本マリスト学園中学校
⑦熊本学園大学付属中学校

大分県

①[県立]大分豊府中学校
②岩田中学校

宮崎県

①[県立]五ヶ瀬中等教育学校

② [県立]
- 宮崎西高等学校附属中学校
- 都城泉ヶ丘高等学校附属中学校

③宮崎日本大学中学校
④日向学院中学校
⑤宮崎第一中学校

鹿児島県

①[県立]楠隼中学校
②[市立]鹿児島玉龍中学校
③鹿児島修学館中学校
④ラ・サール中学校
⑤志學館中等部

沖縄県

① [県立]
- 与勝緑が丘中学校
- 開邦中学校
- 球陽中学校
- 名護高等学校附属桜中学校

もっと過去問シリーズ

北海道

北嶺中学校
7年分(算数・理科・社会)

静岡県

静岡大学教育学部附属中学校
(静岡・島田・浜松)
10年分(算数)

愛知県

愛知淑徳中学校
7年分(算数・理科・社会)
東海中学校
7年分(算数・理科・社会)
南山中学校男子部
7年分(算数・理科・社会)
南山中学校女子部
7年分(算数・理科・社会)
滝中学校
7年分(算数・理科・社会)
名古屋中学校
7年分(算数・理科・社会)

岡山県

岡山白陵中学校
7年分(算数・理科)

広島県

広島大学附属中学校
7年分(算数・理科・社会)
広島大学附属福山中学校
7年分(算数・理科・社会)
広島学院中学校
7年分(算数・理科・社会)
広島女学院中学校
7年分(算数・理科・社会)
修道中学校
7年分(算数・理科・社会)
ノートルダム清心中学校
7年分(算数・理科・社会)

愛媛県

愛光中学校
7年分(算数・理科・社会)

福岡県

福岡教育大学附属中学校
(福岡・小倉・久留米)
7年分(算数・理科・社会)
西南学院中学校
7年分(算数・理科・社会)
久留米大学附設中学校
7年分(算数・理科・社会)
福岡大学附属大濠中学校
7年分(算数・理科・社会)

佐賀県

早稲田佐賀中学校
7年分(算数・理科・社会)

長崎県

青雲中学校
7年分(算数・理科・社会)

鹿児島県

ラ·サール中学校
7年分(算数・理科・社会)

※もっと過去問シリーズは
国語の収録はありません。

教英出版
〒422-8054
静岡県静岡市駿河区南安倍3丁目12−28
TEL 054-288-2131
FAX 054-288-2133
詳しくは教英出版で検索
教英出版 検索
URL https://kyoei-syuppan.net/

令和６年度

入学学力試験問題

算　　数

令和６ 年１月５日（金）　11 時 10 分～ 12 時 00 分（50 分）

受験番号	

【注意】

1　指示があるまで問題用紙を開かないこと。

2　受験番号を解答用紙の決められた場所に記入すること。

3　計算等は，問題用紙の余白《よはく》を利用すること。

4　解答は，すべて解答用紙に書くこと。

5　試験終了後，問題用紙・解答用紙をともに提出すること。

学校法人　古川学園

古 川 学 園 中 学 校

令和六年度
入学学力試験問題

国語

令和六年一月五日（金）　十時～十時五十分（五十分）

【注意】

一　指示があるまで問題用紙を開かないこと。
二　受験番号を解答用紙の決められた場所に記入すること。
三　下書き等は、問題用紙の余白を利用すること。
四　解答は、すべて解答用紙に書くこと。
五　特に指示がない場合は、句読点・記号等も一字に数えること。
六　試験終了後、問題用紙・解答用紙をともに提出すること。

学校法人　古川学園
古川学園中学校

一　後の問いに答えなさい。

問一　問題文を読み、問の文章の【　　】に当てはまる言葉をそれぞれ後の選択肢《せんたくし》から一つ選び、記号で答えなさい。

1

問題文

Aさんは酸素と二酸化炭素の性質を調べるために実験を行った。まず酸素を集めた試験管に火のついた線香を入れたところ激しく燃えた。同じように二酸化炭素を集めた試験管に火のついた線香を入れたところ火は消えてしまった。

問　実験結果から【　　】ことが判明した。

選択肢

ア　酸素には物質を燃やす性質がある

イ　二酸化炭素には物質を燃やす性質がある

ウ　二酸化炭素は常温では火を消す性質がある

2

問題文

姉が家を出発してから5分経って、弟が同じ道を走って追いかけました。弟は家を出てから10分後に姉に追いつきました。

問　弟は姉に追いつくまでに【　　】分間走った。

選択肢

ア　5　イ　10　ウ　15

3

問題文

大不況に際してイギリスは、本国と植民地との関係を密接にし、オーストラリア・インドなどとの貿易を拡大する一方、それ以外の国からの輸入に対する関税を高くしました。このように、関係の深い国や地域を囲い込んで、その中だけで経済を成り立たせる仕組みをブロック経済といいます。植民地の多いフランスも、同じようにブロック経済を成立させました。

問　ブロック経済においてイギリスと関係の深い地域に、【　　】が挙げられる。

選択肢

ア　オーストリア・インド

イ　フランス

ウ　オーストラリア・インド

2024(R6) 古川学園中
K 教英出版

4

問題文

外国の企業や大使館が集まる東京には、長期間にわたって住み、仕事をしている外国人も多く、そのような人たちの都道府県別数は、二〇二〇年には東京都が第一位で、全国の在留外国人数の約二十%が集まっています。

問　日本に長期間住んで働いている外国人の約【　　】は、東京以外に住んでいる。

選択肢　ア　二十%　イ　四十%　ウ　八十%

5

問題文

植物は最初に生える葉っぱの枚数で分類されます。最初に生える葉っぱを子葉と言います。子葉の数によって実は根の生え方も変わってきます。子葉が一枚だと単子葉類、子葉が二枚だと双子葉類と呼ばれます。前者は大きく太い根が一本あり、そこから小さな根が枝分かれして生えています。後者は、ひげのような細い根が広がって生えています。

問　双子葉類は【　　】の植物である

選択肢　ア　最初に生える葉っぱが一枚

イ　根がひげ状

ウ　葉っぱの数が二枚以上

問二　問題文が正しいとき、問の文は正しいですか、誤っていますか。それぞれ後の選択肢からどちらかを選び、記号で答えなさい。

1

問題文

おおぐま座は八十八個ある星座の中でも三番目に大きい星座である。北斗七星はおおぐま座の一部で、大きな熊の背中からしっぽに当たる部分が該当する。北斗七星は非常に明るく夜空で目立つこともあり、世界各地で様々な神話に登場している。

問　おおぐま座は、世界各地で様々な神話に登場している。

選択肢　ア　正しい　イ　誤っている

2

問題文

バス停に大人が十人、こどもが四人、一列に並んでいます。Aさんの前には六人並んでおり、その中の四人が大人です。

問　Aさんの後ろには八人並んでいる。

選択肢　ア　正しい　イ　誤っている

3

問題文

貧困問題の解決のためには、援助《えんじょ》だけでなく、人々の自立をうながし、支える仕組みも必要です。例えば、途上国の人々が生産した農産物や製品を、その労働に見合う公正な価格で取引し、先進国の人がそれを購入《こうにゅう》することで生産者の生活を支えるフェアトレード（公正貿易）が注目されています。

問　フェアトレードは、自立というより援助であると言える。

選択肢　ア　正しい　イ　誤っている

4

問題文

江戸幕府は、武家諸法度という法律を定め、大名が許可なく城を修理したり、無断で縁組《えんぐみ》をしたりすることを禁止しました。第三代将軍徳川家光は、参勤交代を制度として定めました。これ以後、大名は原則、一年おきに領地と江戸を往復することが義務付けられました。

問　大名は武家諸法度により統制《とうせい》され、参勤交代により領地と江戸の往復義務があった。

選択肢　ア　正しい　イ　誤っている

5

問題文

ヨーロッパ州はユーラシア大陸の西に位置し、全体的に日本より高緯度ですが、大陸の東に位置する同緯度の地域と比べて冬が温暖で、年間の気温差が小さくなっています。これは、大陸の西を流れる暖流の北大西洋海流と、その上空から大陸に吹く偏西風《へんせいふう》が寒さを和らげるためです。

問　ヨーロッパ州はユーラシア大陸の西に位置する同緯度の地域より冬が温暖である。

選択肢　ア　正しい　イ　誤っている

二　次の【A】と【B】の文章をよく読んで、後の問いに答えなさい。

【A】

そもそも1なぜ、外国語を学ぶのだろう？

日本では中学になると、英語を学びました。いまでは、小学校からになりました。

なぜ義務教育に、英語が組み込まれているのか。

世界共通言語である英語を、最低限は読み書きできて、話せたほうがいいからか？　将来、国際的な人材を養成する基礎《きそ》となるからか？　英語ができたほうが将来、職業選択の幅が広がるからか？　そもそも日本人が英語を学ぶのは、たまたま日本が「英語の非ネイティブ国」※1だからなのか？

もしもこうした理由だとすると、英語ネイティブの国の人びとは、外国語を学ぶのは無意味、ということになってしまう。そういう話なら、英語は学ぶ必要がある、でもそのほかの外国語は学ばなくてもいい、ということになりそうだ。外国語を学ぶことの必然性はiヒ定されてしまう。

しかもいまは、ＡＩ技術の時代です。ものすごい勢いで発達しているテクノロジーによって、かなり精度の高い多言語翻訳《ほんやく》ＡＩが誕生するのも、時間の問題でしょう。

となると、日本人が苦労して英語を学ぶ必要はなくなりそうだ。

外国語を学ぶのは、外国の人びととコミュニケーションをとるため、とだけ考えれば、それを肩代わりしてくれる機械が登場すれば、肩代わりしてもらえばよいのです。

こうして人間は、外国語を学ぶ負iiタンからついに解放される。ＡＩ万歳、めでたし、めでたし。そういうことでいいんだろうか？

もう外国語を学ばなくていいんだ、やった！　と思った人もいるかもしれません。でも私は、反対です。

まず、外国語を学ぶのは何も、外国の人びととコミュニケーションができるようになるため、ではない。少なくともそのためだけ、ではない。外国語を学ぶのは、※2母語《ぼご》による思考の枠組みから自由になり、2自分の思考を相対化《そうたいか》するためです。

先ほどのべたように、生まれたばかりの人間は、言葉を何も知りません。言語は生まれつきのものではなく、あとから身につけるもの。つまり3後天的《こうてんてき》だ。英語の環境で育てば、英語を身につけるし、日本語の環境で育てば、日本語を身につける。スワヒリ語の環境で育てば、スワヒリ語を身につける。

さて、言葉が人間の思考の基礎であることは、国語辞iiiテンのところでのべたとおり。

英語を身につけたひとは英語でものを考えるし、日本語を身につけたひとは日本語でものを考える。スワヒリ語を身につけたひとはスワヒリ語でものを考える。こうして、意識しなくても、母語の思考の枠組みができあがる。

そこで、外国語を学ぶことのポイントは、母語とは違うもうひとつの思考の枠組みを頭の中に組み立てる、ということなのです。

日本語しか知らなければ、日本語の思考の枠組みが絶対になってしまう。日本語の概念《がいねん》を組み合わせて、ものを考えるしかない。ところが少しでも外国語に触れると、その外国語の思考の枠組みを通して、母語の思考の枠組みを見直すことができる。英語にはこんな概念があるんだな、と知ることができる。日本語の概念は、こうなっているな、と考えることもできる。これがまさに、思考の相対化です。母語の思考の枠組みからちょっと解放されてものを考える、頭の自由度。思考の柔軟性《じゅうなんせい》が高まる、と言ってもいい。

何も外国語をすらすら話せるようにならなくても、母語を相対化し、自分の思考を相対化することができれば、それが外国語を学ぶ大きなメリットなのです。

（橋爪　大三郎『人間にとって教養とはなにか』より）

※1　ネイティブ……ある言語を、幼い時に周囲の人が話すのを聞いて自然に覚え使えるようになった人。

※2　母語……幼い時に自然に習得する言語。

【B】

私たち日本人はすぐに肩が凝《こ》ります。

「ああ、肩が凝った」という※1愁訴《しゅうそ》はふつうは根《こん》を詰《つ》めて仕事をしたあとや、気詰《きづ》まりな人間関係をがまんした後に口にされます。

ところが、「肩が凝る」という身体的生理的現ⅳショウは、日本語を使う人の身体にしか生じないという医療人類学上の興味深い研究があります。（小林昌廣「肩凝り考」）

たしかに同じ姿勢で長いあいだ作業をしたりすれば、世界中の人は誰だって背中から首筋にかけての筋肉が硬直して痛みを発します。しかし、それを他の国語の人々は必ずしも「肩が凝った」という言い方では表現しないのです。

英語がそうです。

英語にはもちろん「肩」ということばがあり、「凝る」ということばもあります。しかし英語話者は「私はこわばった肩を持つ」という言い方をしません。日本人が「肩が凝る」のとだいたい同じ身体的な痛みを彼らは「背中が痛む」I have a pain on the back. と言うのです。

日本人もアメリカ人も痛むのはそれほど違う箇所ではありません。しかしその痛みの場所を別の単語で表現するのは、4痛みの場所が「どこ」かということが、それぞれの国語の中で、重要な意味を持っているからです。

英語では、根を詰めて仕事をすることを、「重荷《おもに》を背中に背負う」carry a burden on one's back と言い、熱心に働くことを「背骨を折る」break one's back と言います。ですから、英語話者は仕事のストレスを「肩」ではなく、back に感じ取っている、ということが分かります。

日本では、誰かが「背中が痛い」と言ったら、「病院に行ったら？」とⅴオウじますが、「肩が凝った」と言う人に対してはほとんど反射的に、「ご苦労さまでした」と返します。それは「肩が凝った」というのは単なる身体的な痛みの表現ではない、ということを私たちが了解し合っているからです。「肩が凝った」という訴《うった》えが「自分は本来の責任範囲を超《こ》える仕事をして、疲れたのだから、ねぎらって欲しい」という社会的なメッセージを含んでいることをみんな知っているからです。
ですから、それと同じ状況で、英語話者は自分の労苦へのねぎらいのことばを求めるときには「背中が痛い」と訴えることになります。そして、現にそのときその人の身体ではまちがいなく「背中」が激しく痛んでいるのです。

（内田　樹『寝ながら学べる構造主義』文春新書刊より）

※1　愁訴……苦しみや違和感を感じ、それを口で表現すること。

問一　――線部1「なぜ、外国語を学ぶのだろう?」とありますが、このように筆者が読者に問いかける目的は何ですか。最もふさわしいものを次の選択肢の中から一つ選び、記号で答えなさい。

ア　外国語を学ぶことは、外国の人びととコミュニケーションをとることが目的だと一般的に考えられているが、それだけが目的ではないということを説明するため。

イ　義務教育に英語が組み込まれたのは、世界共通語である英語を若いうちから学ぶことで国際的な人材を養成することが目的であることを説明するため。

ウ　技術の発展により、精度の高い多言語翻訳AIが誕生すると考えられ、今後は外国語を学ぶよりもコミュニケーション能力を磨くほうが重要であることを説明するため。

エ　「英語の非ネイティブ国」である日本では、幼い頃から英語に触れていても、英語で物事を思考することは難しいということを説明するため。

問二　――線部2「自分の思考を相対化する」について

（1）「相対」とは、「物ごとを他のものと比較して成り立たせる」という意味の語です。また、「相対」の対義語は「物ごとを他のものと比較しないで成り立たせる」という意味です。意味を参考にして、本文中から「相対」の対義語を二字で抜き出して答えなさい。

（2）「自分の思考を相対化する」とはどうすることですか。四十字以内で説明しなさい。

問三　――線部3「後天的」とありますが、「後天的」なものの例とは言えない語を次の選択肢の中から一つ選び、記号で答えなさい。

ア　経験　　イ　成長　　ウ　学習　　エ　本能　　オ　模倣

1　□に当てはまる数や記号を答えなさい。

(1)　ア～エの計算結果を求め，大きい順に記号で並べると □ になります。

ア．$24\times2+5$　　イ．$24+2\times5$　　ウ．$24\div2-5$　　エ．$24-2+5$

(2)　$0.25\times80+0.06\times4=$ □

(3)　$\frac{3}{2}\times\frac{14}{9}\div\frac{7}{6}=$ □

(4)　$36\times\left(\frac{5}{18}+\frac{1}{4}\right)=$ □

(5)　$0.75\times\frac{2}{3}+0.15\times\frac{20}{30}+0.1\times\frac{10}{15}=$ □

(6)　$\left(\frac{3}{2}-\frac{5}{6}\right)\times\left(\frac{3}{5}-0.3\right)=$ □

(7)　$35:$ □ $=5:7$

(8)　$(20-$ □ $\times3)\times5=10$

2　□に当てはまる数を書きなさい。

(1)　□Lの24％は600mLです。

(2)　朝8時に駅から電車とバスが同時に発車します。電車は25分おきに，バスは15分おきに発車します。

次に電車とバスが同時に発車するのは□時□分です。

(3)　濃度が6％の食塩水が200gあり，そこに水□gを加えたら，濃度が4％になりました。

(4)　$\frac{3}{4}$と1.6のどちらにかけても答えが整数となる最も小さい整数は□です。

(5)　牛乳とコーヒーとシロップを混ぜて1Lのコーヒー牛乳を作ります。

牛乳：コーヒー：シロップ＝4：3：1の比で作るためには，

コーヒーは□mL必要です。

(6)　A，B，C，D，Eの5人で徒競走をしました。

AはBより速かった。　DはEより遅かった。

CはAより速かった。　EはBより遅かった。

5人を速い順に並べると

□→□→□→□→□

令和六年度　古川学園中学校　入学学力試験　国語

（配点非公表）

受験番号

一

問一
1
2
3
4
5

問二
1
2
3
4
5

二

問一

問二
①
2
②
20
40

問三

問四

問五

3

(1)	人	(2)	①	分	②	分

4

(1)	秒間	(2)	cm^2
(3)	→ → → → 正方形 → 長方形		

5

(1)	分速 m	(2)	分間
(3)	分後		

令和６年度　入学学力試験問題　算数　解答用紙

（配点非公表）

受験番号	

※解答はすべて解答欄《らん》に書きなさい。

1

(1)	→　→　→			(2)	
(3)		(4)		(5)	
(6)		(7)		(8)	

2

(1)	L	(2)	時　分	(3)	g
(4)		(5)	mL		
(6)	→　→　→　→				

【解答

三

問一

①

②

問二

1

2

問三

問四

20

40

問五

問六

20

40

問七

(7) 右の図の正方形の中にある三角形の面積は □ cm^2です。

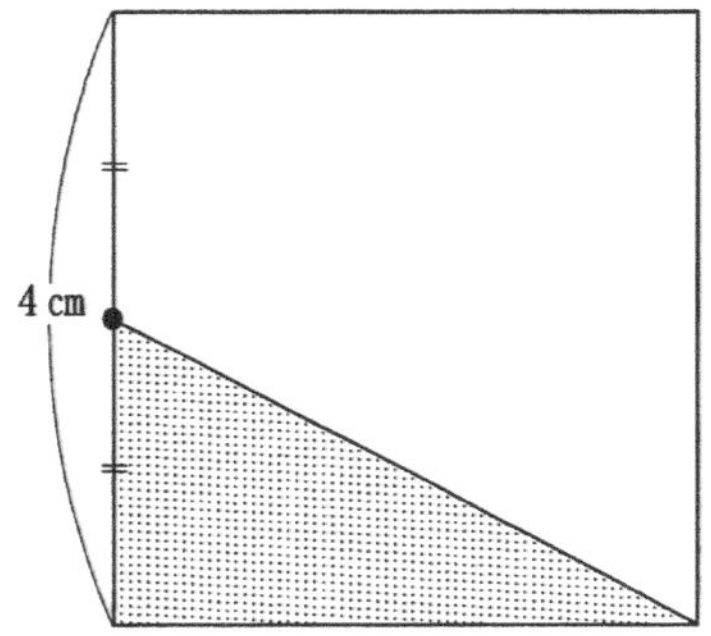

(8) 右の図の色のついた部分の周りの長さは □ cmです。
ただし、Oは円の中心で，ABは直径です。円周率は3.14とします。

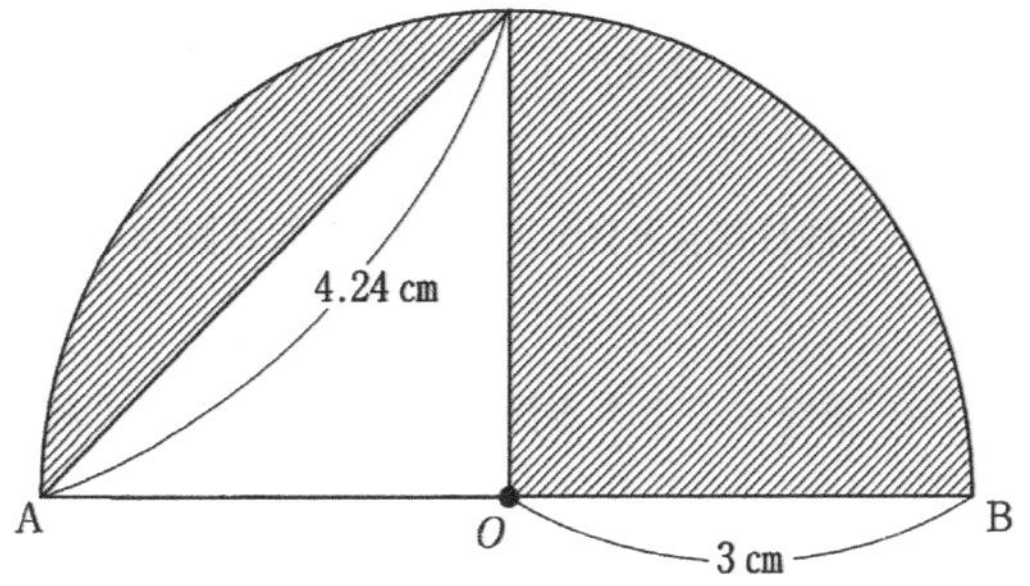

3 ある学校の6年生は全員で36人です。36人は，自転車または徒歩で通学しています。
自転車通学の生徒の人数は，徒歩通学の生徒より4人多いです。次の問題に答えなさい。

(1) 自転車通学の生徒の人数を求めなさい。

(2) 自転車通学の生徒の平均通学時間は7分で，徒歩通学の生徒の平均通学時間は9分でした。
□ に当てはまる数を答えなさい。ただし、割り切れない場合は小数第2位を四捨五入しなさい。

① 自転車通学の生徒の合計の通学時間は □ 分です。

② 6年生全員の通学時間の平均は □ 分です。

4 下の図で，Aの図形は→の方向に毎秒1cmで動きます。
次の問題に答えなさい。

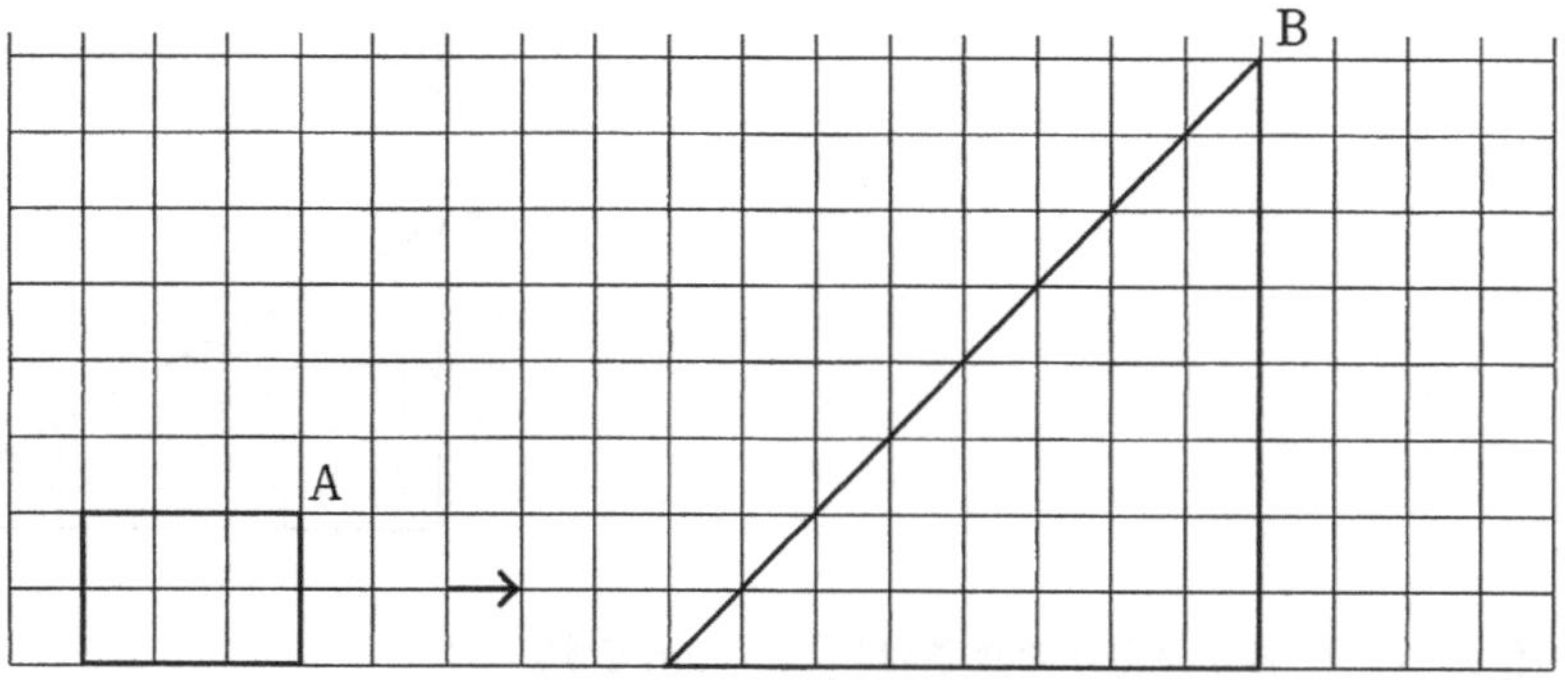

1目もり1cm

(1) A，Bが重なっている時間は何秒間ですか。

(2) 7秒後にAとBが重なってできる図形の面積を求めなさい。

(3) 重なってできる図形を、変化していく順に下から選び答えなさい。

□ → □ → □ → □ → 正方形 → 長方形

直角三角形	正三角形	五角形	長方形	台形
六角形	ひし形	正方形		

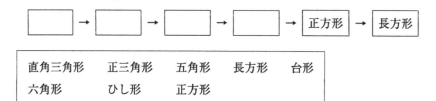

5 宮城君は8時に出発して，家から6kmはなれたT市に歩いて向かいました。途中で少し休けいし，その後も同じ速さで歩きました。お姉さんは8時27分に宮城君の忘れ物を届けるために自転車に乗って，分速200mの速さで宮城君を追いかけました。グラフはその時の時間と道のりを表したものです。次の問題に答えなさい。

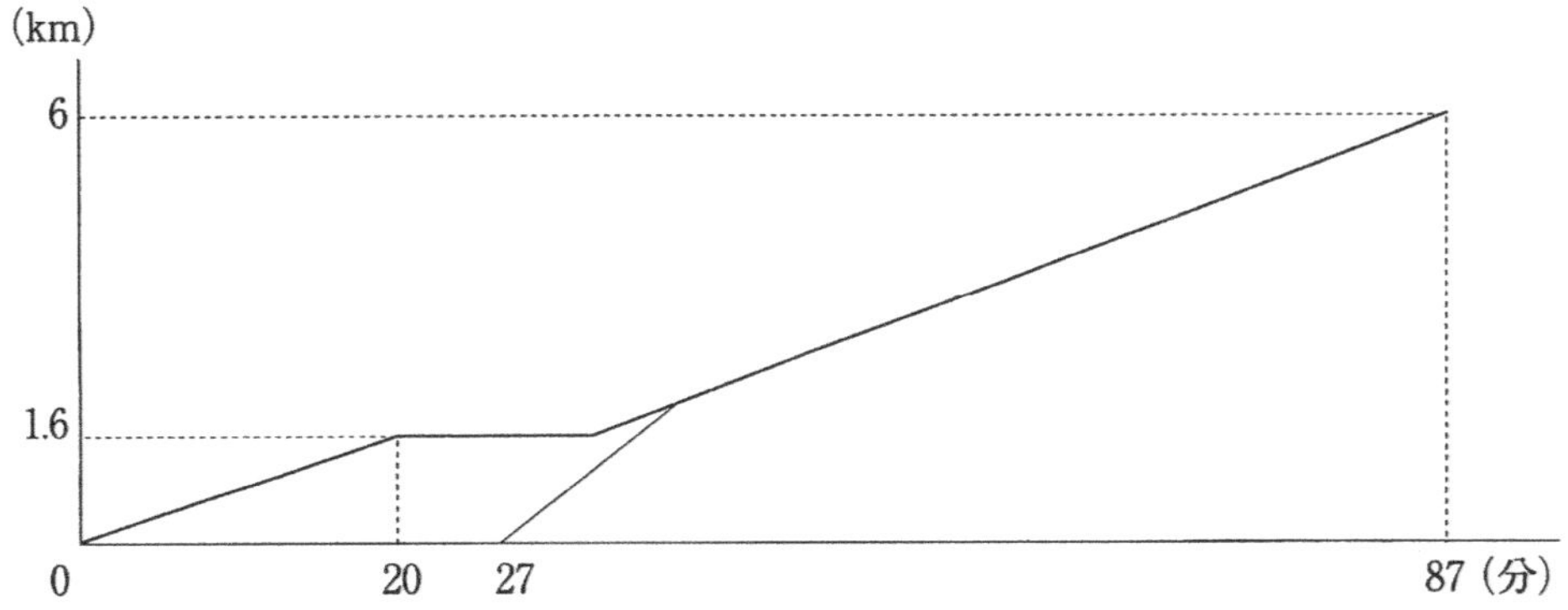

(1) 宮城君は分速何mで歩きましたか。

(2) 宮城君が休けいしたのは何分間ですか。

(3) お姉さんが宮城君に追いつくのは，宮城君が出発してから何分後ですか。

問四 ――線部４「痛みの場所が『どこ』かということが、それぞれの国語の中で、重要な意味を持っている」とありますが、その具体的な内容として最もふさわしいものを選択肢の中から一つ選び、記号で答えなさい。

ア アメリカにおいて、「肩の凝り」は仕事の疲れやストレスを周囲にねぎらって欲しい様子を表す。

イ アメリカにおいて、「背中の痛み」はあまりの重責に耐えられず、背骨を損傷している様子を表す。

ウ 日本において、「肩の凝り」は単なる身体的な痛みだけでなく、仕事の疲れやストレスが溜《た》まっていることを表す。

エ 日本において、「背中の痛み」は激しい苦痛を覚えるほどの重責に耐えながら真面目に働く様子を表す。

問五 【A】の文章と【B】の文章に共通している主張として、最もふさわしいものを次の選択肢の中から一つ選び、記号で答えなさい。

ア 言語はＡＩには理解できない、隠された意味を持つ。

イ 日本人と欧米人では、上半身の構造が異なる。

ウ 思考に使う言語によって、世界の捉《とら》え方は異なる。

エ 日本語は、英語にはない独自の特徴を持つ。

問六 ――線部ｉ～ｖのカタカナを漢字に直しなさい。

三　東京住まいの有里（＝「私」）は、毎年母親によって、新潟県の佐渡にある母方の実家に連れて行かれては、一つ歳下のいとこの千絵に、何かと東京をばかにされてきました。これまでのしかえしに、有里が初めて千絵を田舎者あつかいしたところ、一緒に出かけた先で、千絵は持っていたきんちゃくを投げつけ、実家の自室にこもってしまいました。次の文章は、後から戻った有里が、千絵の部屋に向かう場面です。よく読んで、後の問いに答えなさい。

私は千絵ちゃんの部屋のドアをノックした。

「千絵ちゃん」

返事はなかった。だけど電気もついてるし、部屋の中にはたしかに人の気配があった。

「入るよ」

そっとドアを開けると、千絵ちゃんは浴衣《ゆかた》のまま、ベッドにねころがっていた。

「田舎《いなか》だなんて、バカにしてごめんね」

千絵ちゃんの身体は、壁《かべ》のほうにむけられていたけれど、ねむってしまっているわけではなさそうだった。

「でも、本心じゃないから」

私は勉強机《べんきょうづくえ》の椅子《いす》に腰《こし》かけて、つづけた。

「本当は、私、千絵ちゃんのこと、うらやましいんだ」

机の上に、千絵ちゃんの捨《す》てていったきんちゃくを置く。

「だから、いじわるしちゃった」

そこには、ファッション雑誌《ざっし》が置かれてあった。

「ごめんね」

それは※1お母さんが作っている雑誌だった。

「本当は※2松嶋菜々子なんて見たことないし」

どうして千絵ちゃんがこんなのもってるんだろう。

「※3去年の洋服だって、平気で着てるし」

なんとなく、それをめくってみる。

「※4渋谷にだって、一回しかいったことないし」

それは三十代のキャリアウーマン向けの雑誌で、いくらお母さんが作ってるとはいえ、私だってちゃんと見たことないのに……。

「1ウソつき」

そこでようやく、千絵ちゃんが声をだした。

「有里ちゃんのウソつき」

「2ごめんなさい」

私は雑誌《ざっし》をめくる手をとめて、姿勢《しせい》を正した。

「ちがうよ」

すると、千絵ちゃんはゆっくりと身体を起こして、こっちを向いた。

「本当は私のこと、うらやましいなんて思ってないくせに」

だけど私の顔を見ないように、視線《しせん》をそらしている。

「私のことなんか、田舎《いなか》育ちで、ダサイって思ってるくせに」

私と視線をあわせようとしないその顔は、いつもの強気な千絵ちゃんらしくない、くもった表情をしていた。

「私立の中学にいってるなんて、格好いいよね」

言葉も標準語で、いつもはもっとすらすら話すのに、すごくしゃべりにくそうだ。

「お母さんが雑誌の編集者だなんて格好いいよね」

ひざをかかえて、まるでひとりごとみたいにボソボソとつづける。

「私だって、東京に住みたかった」

千絵ちゃんが私をうらやましがるなんて初めてだった。

「こんな田舎、言葉もきたないし、もううんざり」

千絵ちゃんが自分のほうが負けてるみたいなことをいうなんて、信じられなかった。だけど、そんな風にうらやましがられても、私はちっともうれしくなかった。私のほうが勝ってるなんて、全然思えなかった。

「だったら私と代わる?」

千絵ちゃんが、ちらりとこっちを見る。

「うらやましいなんていうなら、私と代わってよ」

私はそんな千絵ちゃんをじっと見つめてつづけた。

「そのかわり、学校でいじめにあってもだまってたえるんだよ」

いじめにあっていたのは、小学五年の二学期だ。

「お母さんに、相談なんかしないでね」

だけど、今でもお母さんはそのことを知らない。

「お母さんは仕事でいそがしいんだから、迷惑《めいわく》かけるようなことしないでね」

私はいつもそうやって、お母さんを気づかってきた。

「夕食がコンビニ弁当つづきでも、文句いわないでね」

お母さんをこまらせないようにしてきた。

「夜おそくまで一人でるす番しなきゃいけなくても、さびしがらないでね」

本当の気持ちはいつもかくしてきた。

「朝はちゃんと一人で起きて学校にでかけてね。お母さんは朝はゆっくりでいいんだから」

だから、自分の思ったことを①なんのためらいもなく口にできる千絵ちゃんが、ずっとうらやましかった。

「お手伝いもちゃんとしてね。洗濯《せんたく》とか食器かたづけるとか、できることはなるべくやってあげてね」

気分屋で、わがままで、自由奔放《じゆうほんぽう》。それがゆるされる千絵ちゃんをずるいとさえ思ってきた。

「格好よく働くお母さんをもつって、3そういうことだから」

私はそれだけいうと、千絵ちゃんの部屋をでた。

こんな風に自分の不満をだれかに打ち明けたのは、はじめてだった。ずっと、いつも心の奥《おく》にしまってきたのに。見せないようにしてきたのに。

私は階段《かいだん》のところに、座《すわ》りこんだ。4こんなことまでいうつもりはなかったのに、我慢《がまん》がきかなかった。ウソがいえなかった。

「だって、千絵ちゃんがうらやましいなんていうから……」

そんな風に本音をもらすから、つい、私も本音を見せてしまった。けして、うらやましがられるような生活をしてるわけじゃないことを、つい、白状したくなったのだ。

私は大きなため息をついた。

窓《まど》の外から、佐渡《さど》おけさがきこえていた。盆《ぼん》おどりがはじまったようだ。

私はゆっくりと立ち上がった。

「有里ちゃん、いっしょにおどるよ。はずかしがることねーてぇ。こういうのは、楽しんだもん勝ちだてぇ」

ふいに、毎年、そういって楽しそうにおどる千絵ちゃんの姿《すがた》を思い出す。

私はずっとそんな千絵ちゃんにあこがれていた。明るくて、すなおで、天真爛漫《てんしんらんまん》で、まぶしかった。


（中略）


東京に帰る日。

客間で荷物の整理をしていると、光子[※5]おばさんがやってきていった。

「はい、有里ちゃんにプレゼント」

おばさんは今年もまた、私のためにせっせとあみぐるみ[※6]を作ってくれていたのだ。今年はきりんのお人形。

「おばさん、ありがとう」

私は今年もちゃんと、うれしそうにそれをうけとった。お母さん[※7]は私が「いらない」っていうんじゃないかって、心配そうな顔をしていたけれど、もちろんそんなことはしなかった。

「お母さん」

だけど、そこに千絵ちゃんがあらわれた。

「そんなの有里ちゃんにあげないで」

千絵ちゃんはむすっとした顔で私に近づくと、うけとったばかりのきりんの人形をとりあげた。

「有里ちゃん、中二だよ？　こんなのほしがるわけないでしょ？」

そうおばさんに文句をいう千絵ちゃんを、私はポカンと見上げるばかりだった。しかも、千絵ちゃんの耳たぶには、私があげたハートのイヤリングがゆれている。

「なんでぇ。今年のがんは自信作なんだろもなぁ」

おばさんが残念そうに、つぶやく。

「だからって、中二にもなって、お人形もらってうれしいわけないでしょ？　今年は私が用意したから」
5 私はそのイヤリングにくぎづけだった。だって、今まであげたおみやげを千絵ちゃんは一度だってよろこんでくれなかった。つかってるところなんて、一度も見たことがなかった。イヤリングだって、いらないってベッドに放り投げていたのに……。
「はい、これ、このイヤリングのお返し」

それなのに、今、千絵ちゃんの耳もとでゆれているのは、たしかに私があげたものだ。

「これっ！」

ハッと気づくと、千絵ちゃんがムスッとした顔で、紙袋《かみぶくろ》をさしだしている。

「はっ、はい……」

おしつけられるように、紙袋をわたされて、②しばしぼうぜんとする。

「石鹸《せっけん》だから」

千絵ちゃんが、おこったような口調のままつづける。

「温泉の成分が入ってて、肌《はだ》がすべすべになるやつだから」

私は紙袋の中身をとりだした。白くて丸い石鹸が三個入っている。一つずつ、ちゃんと透明《とうめい》なセロファンでかわいくラッピングされている。

「※8肌荒《はだあ》れとかに効くみたいだから」

「……ありがとう」

お礼をいってはみたものの、私はまだなにが起こったのかよく把握《はあく》できなかった。だって、今まで千絵ちゃんからプレゼントをもらったことなんて、一度もないのだ。おみやげのお返しなんて、一度ももらったことがないのだ。

「じゃあ」

千絵ちゃんがさっさと部屋をでていってしまう。

「千絵ちゃん！」

私はあわてて立ち上がると、あとを追った。

「ねえ、待って！」

階段の下のところで、千絵ちゃんが立ち止まる。

「石鹸、ありがとね」

「ん」

だけど、ふり向いてくれない。

「イヤリングも、つけてくれてありがとう」

「ん」

「来年も、また遊びにきていい？」

思わずそんな言葉がとびだした。

「来年もまた、私、きてもいいかな」

千絵ちゃんは返事をしてくれなかった。だけど、立ち去ってしまうこともなくて、私はその場で返事を待った。じっと待った。

「さびしいなら……」

千絵ちゃんがようやく口を開いた。

「さびしいなら、今度は私が遊びにいってあげてもいいから」

私に背中《せなか》を向けたままだったけど、千絵ちゃんはいった。

「東京に……」

最後は、すごくかぼそい声だった。

「うん」

だけど、たしかにきこえた。

「きてきて」

東京に、って千絵ちゃんはいった。

「ぜったいに、きて」

「ん」

千絵ちゃんは小さくうなずくと、ダダダダッとそのまま階段《かいだん》をかけあがって、自分の部屋にもどってしまった。

私はもう一度、紙袋《かみぶくろ》の中を確認《かくにん》した。

肌《はだ》の弱い私のために、千絵ちゃんがえらんでくれたプレゼントだ。私はうれしい気持ちでそれをぎゅっと抱《だ》きしめた。千絵ちゃんと少しだけつながった気がした。6はじめて、まだ帰りたくないなと思った。もうちょっと千絵ちゃんといっしょにいたいと思った。

（草野　たき『反撃』所収「いつかふたりで」より）

（注）※1　お母さん……有里の母親。千絵の母親の妹に当たる。

※2　松嶋菜々子なんて見たことないし……少し前に、「よく行く渋谷で芸能人の松嶋菜々子を見た」という嘘を、有里が千絵についたことを指す。

※3　去年の洋服だって、平気で着てるし……有里が千絵に、「東京では去年の服なんて恥ずかしくて着れない」と見栄を張ったことを指す。

※4　渋谷にだって、一回しか行ったことないし……※2の発言が、いつも渋谷に行っているかのような言い方になっていたことを指す。渋谷は、東京でも若者の多いおしゃれな街だとされている。

※5　光子おばさん……有里の母親の姉で、千絵の母親。毎年東京から有里たちが来ると、いつも自分の田舎料理でもてなしている。

※6　あみぐるみ……毎年帰省のたびに有里に持たせてくれているが、それほどかわいくないと思っている有里に、もらったら喜んで見せるよう、有里の母親は無理強いしていた。

※7　お母さん……有里の母親は、若いころ東京に大学進学し、「卒業後は新潟に帰る」という約束を破ったため、実家との関係がぎこちなくなっていた。

※8　肌荒れとかに効くみたいだから……「有里の肌が弱いのは、東京の水が汚いからだ」と、以前に千絵が、地元の方言でけなしてみせたことがあった。自分の母親や祖母が、有里の母親の東京ぐらしを受け入れきれていない影響を、千絵も受けているところがあった。

問一　――線部①「なんのためらいもなく」、②「しばしぼうぜんとする」の語句の意味を、次の各群の選択肢の中から一つずつ選び、記号で答えなさい。

①「なんのためらいもなく」

ア　なんの取柄《とりえ》もなく
イ　なんの迷いもなく
ウ　なんの計算もなく
エ　なんの許可もなく

②「しばしぼうぜんとする」

ア　しばらく絶望的になる
イ　少しの間動けなくなる
ウ　しばらく気を失いそうになる
エ　少しの間あっけにとられる

問二　――線部1「ウソつき」・2「ごめんなさい」とありますが、それぞれどんなことに対してそのように言っていますか。その説明として最もふさわしいものを、次の選択肢の中から一つずつ選び、記号で答えなさい。

ア　千絵が、有里のことを本当はうらやましいと打ち明けて見せたこと。
イ　千絵が、格好いい母親をもった有里と代わってほしいと言ったこと。
ウ　有里が、いかにも都会人であるかのように千絵に見栄を張ったこと。
エ　有里が、千絵のことを本当はうらやましいと打ち明けて見せたこと。

問三　――線部3「そういうこと」とは、どういうことですか。その説明として**適当でないもの**を次の選択肢の中から一つ選び、記号で答えなさい。

ア　気分屋で、わがままで、自由奔放な態度が許される千絵のことを最低だと思うこと。
イ　ばりばり働くお母さんのお手伝いをできるだけやってあげなければならないこと。
ウ　毎朝お母さんには休んでいてもらい、一人で起きて学校に行かなければならないこと。
エ　自分の悩みでお母さんを困らせないように、本当の気持ちはいつも隠していること。

問四　――線部4「こんなこと」とありますが、それはどのようなことですか。本文の言葉を用いて、四十字以内で説明しなさい。

問五　——線部５「私はそのイヤリングにくぎづけだった」とありますが、それはなぜですか。その説明として最もふさわしいものを次の選択肢の中から一つ選び、記号で答えなさい。

ア　都会で暮らしている自分よりも、おしゃれなアクセサリーを身につけている千絵のセンスに驚くとともに、自分におみやげのお返しまでくれる千絵の変化に感動したから。

イ　おみやげのイヤリングを放り投げた千絵が、本当はそれを身に着けたくてたまらなかったのだと気づいて、そのような千絵の意地の張り方がかわいそうになったから。

ウ　千絵がいらないと言って一度はベッドに放り投げたはずのおみやげのイヤリングが、千絵の耳たぶに揺れているのを見ても、すぐには千絵の態度が信じられなかったから。

エ　自分がおみやげにあげたハートのイヤリングがあまりにも千絵に似合っているのを見て、これならあげないで自分が使えばよかったと、千絵をうらやましく思ったから。

問六　——線部６「はじめて、まだ帰りたくないなと思った」とありますが、それはなぜですか。本文の言葉を用いて、四十字以内で説明しなさい。

問七　本文の内容に合うものを次の選択肢の中から一つ選び、記号で答えなさい。

ア　有里はおみやげのお返しに千絵から石鹸をもらったが、何が起こったのか理解できないまま、とにかく千絵の機嫌をそこねないようにあわてて千絵の後を追った。

イ　千絵はやたらと「東京」を強調して有里をばかにしてきたが、本心では東京にあこがれて、こっそり有里の母親が編集した雑誌を見たりしていた。

ウ　光子おばさんは、有里があみぐるみを毎年よろこんでもらっているとは本気で信じていなかったが、あげるのを千絵に止められた今年になって、やっとあげない勇気が出た。

エ　有里は千絵をずるいと思う反面、自分にない自由な明るさをもった千絵にあこがれの気持ちがあったが、それを千絵に伝えることは、ついになかった。

令和５年度

入学学力試験問題

算　　数

令和５ 年１月５日 （木）　11 時 10 分～ 12 時 00 分（50 分）

受験番号	

【注意】

1　指示があるまで問題用紙を開かないこと。

2　受験番号を解答用紙の決められた場所に記入すること。

3　計算等は，問題用紙の余白《よはく》を利用すること。

4　解答は，すべて解答用紙に書くこと。

5　試験終了後，問題用紙・解答用紙をともに提出すること。

学校法人　古川学園

古 川 学 園 中 学 校

1 $\square$ に当てはまる数や記号を答えなさい。

(1) ア～エの計算結果を求め，大きい順に記号で並べると $\square$ になります。

ア．$20\div2+3$　　イ．$20-2\times3$　　ウ．$20\div2-3$　　エ．$20+2\times3$

(2) $0.25\times3+0.75=\square$

(3) $\frac{3}{7}\div\frac{7}{3}\times\frac{7}{9}=\square$

(4) $24\times\left(\frac{5}{24}+\frac{5}{8}\right)=\square$

(5) $0.35\times\frac{5}{7}+0.4\times\frac{10}{14}+0.05\times\frac{50}{70}=\square$

(6) $\left(\frac{1}{4}+0.5\right)\div\left(\frac{3}{2}-\frac{3}{4}\right)=\square$

(7) $45:\square=5:2$

(8) $(10-\square\times3)\times7=7$

2 □ に当てはまる数を書きなさい。

(1) 11.9Lの17％は □ mLです。

(2) AさんとBさんが公園の周りを一定の速さで同じ方向に歩き続けています。1周するのにAさんは3分，Bさんは3分45秒かかります。AさんとBさんが同時に出発する時，出発後に初めて2人が同時に戻ってくるのは □ 分後です。

(3) 濃度が □ ％の食塩水200gがあり，それを50gこぼしてしまったのでこぼした分だけ水を加えたら濃度が6％になりました。

(4) $\frac{2}{5}$ と $1\frac{3}{7}$ のどちらにもかけて，答えが整数になる最も小さい分数は □ です。

(5) 水に砂糖を加えて1.2kgの砂糖水を作りました。水の重さと砂糖の重さの比が3：2だったとき，砂糖の重さは □ gです。

(6) 出席番号1番から5番までの人の身長を，2人ずつ比べました。

1番は2番より高かった。4番は5番よりも低かった。

3番は1番より高かった。5番は2番よりも低かった。

身長の高い順に並べると

□ → □ → □ → □ → □ の順になります。

令和五年度　古川学園中学校　入学学力試験　国語

※100点満点
（配点非公表）

受験番号

一

問一
1
2
3
4
5

問二
1
2
3
4
5

二

問一
あ
い
う
え
お

問二

問三

問四
20
40
50

問五
(1)
20
40

(7)	cm^2	(8)	cm^2

3

(1)	人	(2)	①	点	②	点

4

(1)	図 2 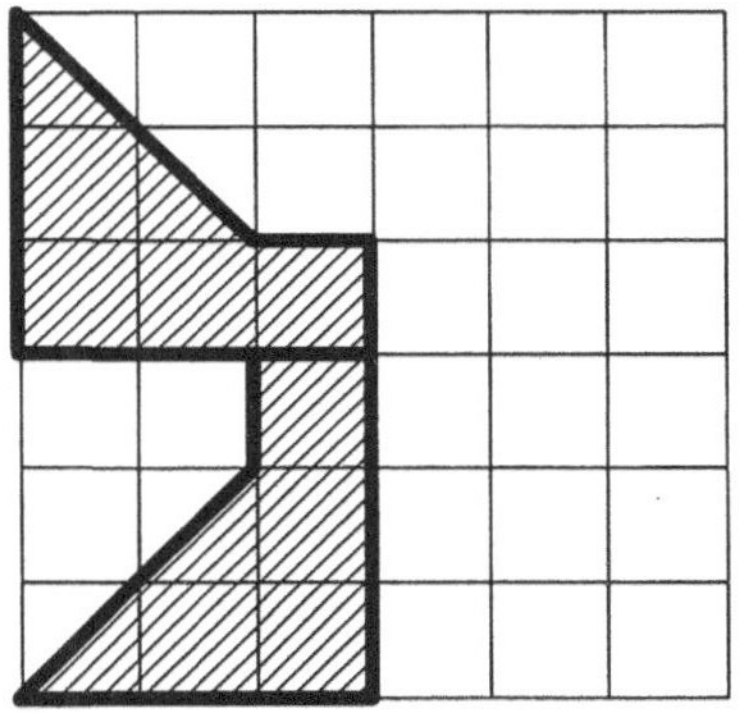	(2)	タイルが　　　　枚多く必要
		(3)	色タイルは　　　　枚

5

(1)	分	(2)	毎分　　　　L
(3)	と		

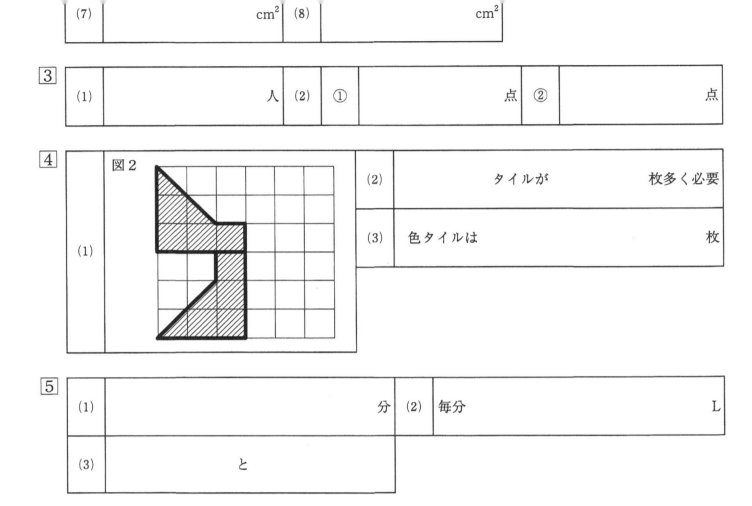

令和５年度　入学学力試験問題　算数　解答用紙

※100点満点
（配点非公表）

受験番号

※解答はすべて解答欄《らん》に書きなさい。

1

(1)	→ → →			(2)	
(3)		(4)		(5)	
(6)		(7)		(8)	

2

(1)	mL	(2)	分後	(3)	%
(4)		(5)	g		

問六
ア
イ
ウ
エ

問七
i
ii
iii
iv
v

三

問一
i
ii

問二

問三

問四

50

という痛いところをつかれ、カッとなったから。

40 20

問五

問六

問七

(7) 右の図の正方形の中にある三角形の面積は [　　] cm^2です。

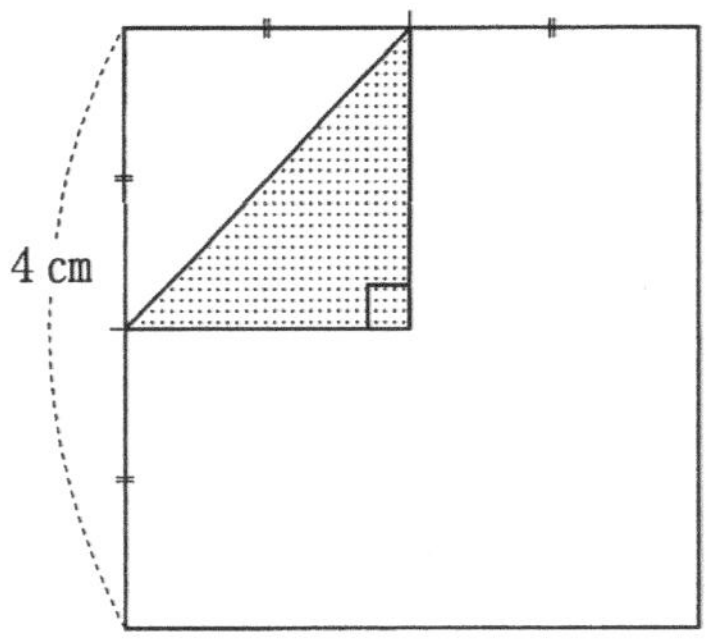

(8) 右の図の色のついた部分の面積は [　　] cm^2です。
ただし，大きい円の中心がOで，円周率は3.14とします。

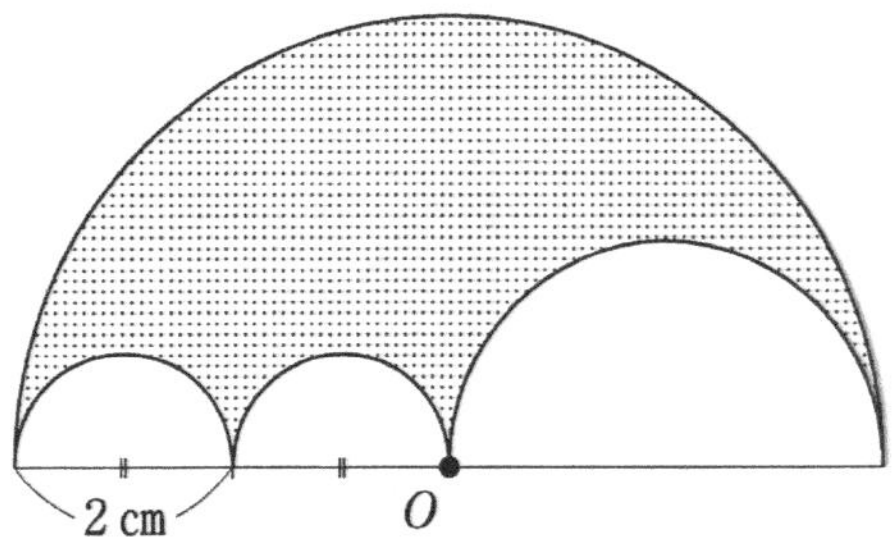

3 ある小学校の６年生は，男女合わせて72人で，６年A組と６年B組の２クラスです。
A組とB組の男女の人数はそれぞれ同じで，クラスの男子の人数は女子の人数より４人多いです。

次の問いに答えなさい。

(1) A組の男子の人数を求めなさい。

(2) ある日，算数の小テストを行ったところ，A組の男子の平均点は7.2点，女子の平均点は９点でした。

① 男子全員の合計点数は何点ですか。

② A組クラス全体の平均点は何点ですか。

4 学さんの小学校では，卒業制作で１辺が10cmのタイルを使ってモザイクアートを作ることになりました。次の問いに答えなさい。

(1) 白タイルと色タイルで，図１の基本図形を４つ組み合わせて，かざぐるまのデザインにしようと思います。図２は，図１を２つ組み合わせて，かざぐるまの左半分を作成したものです。解答用紙に右半分を記入し，色タイルの部分に図と同じような斜線を引いて，かざぐるまを完成させなさい。ただし，かざぐるまの羽根の向きは同じになるものとします。

図１

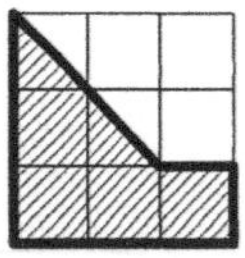

図２

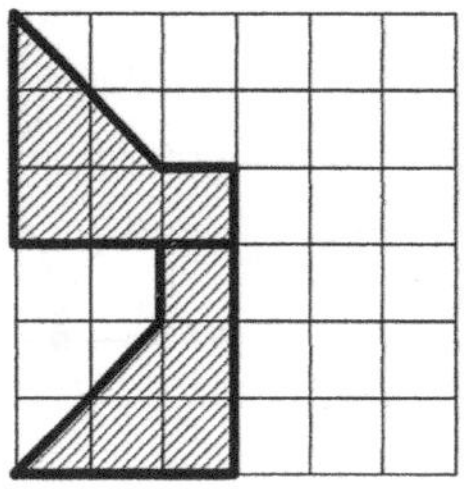

(2) １つのかざぐるまで，白タイルと色タイルでは，どちらが何枚多く必要ですか。

(3) モザイクアートの全体の大きさは縦３ｍ，横３ｍです。図３のように，左上にかざぐるまのモチーフを設置し，かざぐるまのモチーフと同じ大きさの白タイルだけのモチーフを，交互に並べていきます。２段目以降は縦に同じモチーフが並ばないように敷きつめます。完成したモザイクアートに使われた色タイルは何枚ですか。ただし，直角二等辺三角形の部分は，２枚で正方形１枚とします。

図３

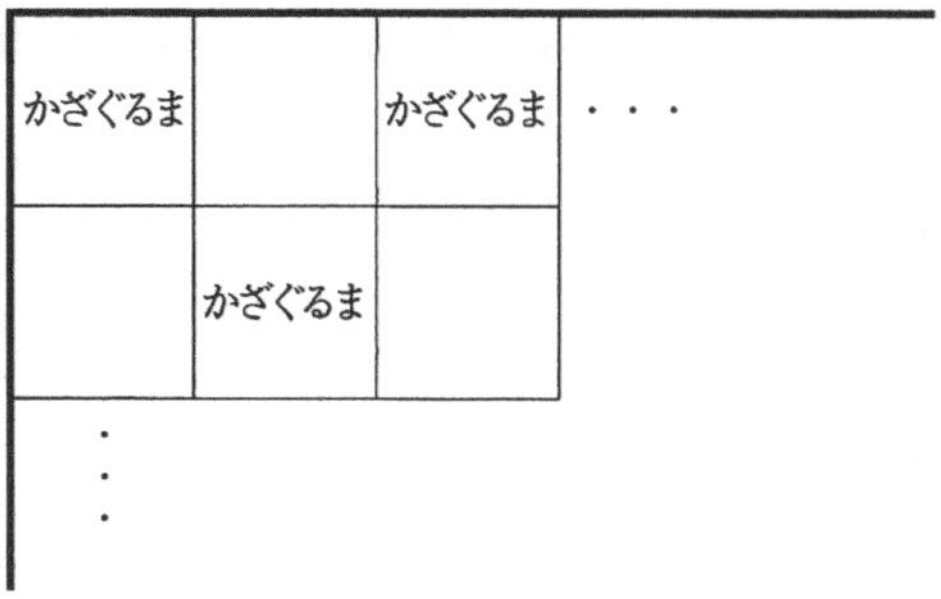

5 園子さんの小学校では，理科室で熱帯魚を飼育しています。その水そうの大きさは，縦40cm，横50cm，高さ30cmです。水は，この水そうの容積の90％まで入れます。次の問いに答えなさい。

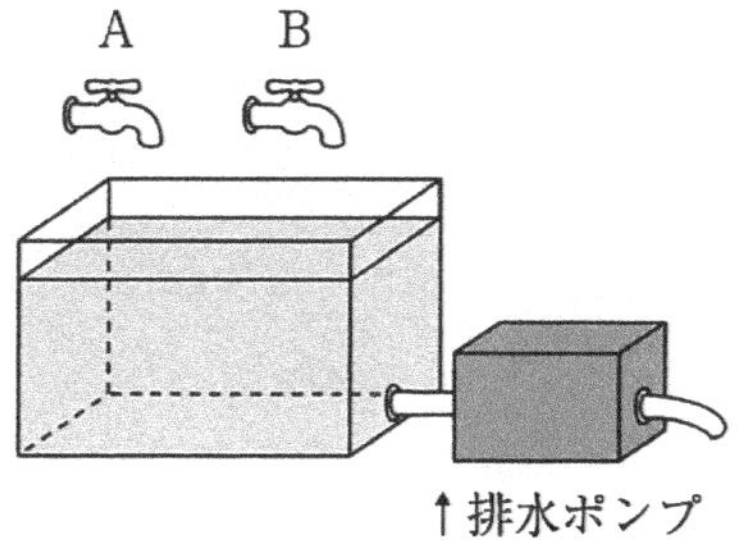

(1) 毎分３L水が出る蛇口《じゃぐち》Aから水を入れたとしたら，何分かかりますか。

(2) 蛇口《じゃぐち》Aを使って３分間水を入れました。その後，もう１つの蛇口《じゃぐち》Bから水を入れて９分後に水そうの容積の90％になりました。あとから使った蛇口《じゃぐち》Bからは，毎分何Lの水が出ますか。

(3) １週間後，水そうの掃除のため，排水ポンプを使って水そうの中の水を抜いたところ，14分かかりました。しかし，排水ポンプは水そうの底から2.5cm上にあるので，水はその分水そうの中に残ってしまいました。水そうの中の水の量と時間の関係をグラフにしたとき，(2)の給水の様子をA～Cの中から，排水の様子をア～ウの中から，それぞれ選びなさい。ただし，排水は一定の割合で排水されるものとします。

A
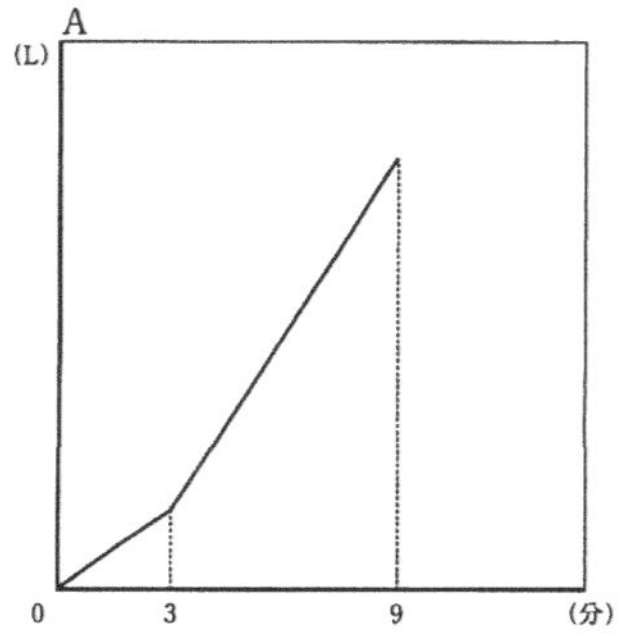

B
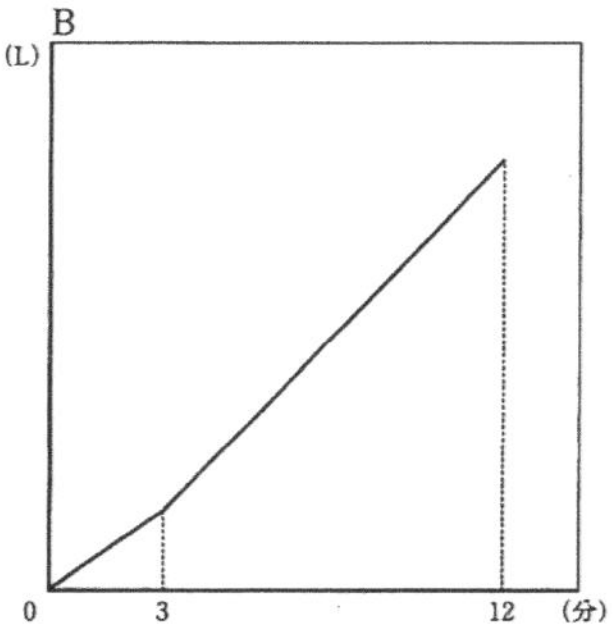

C
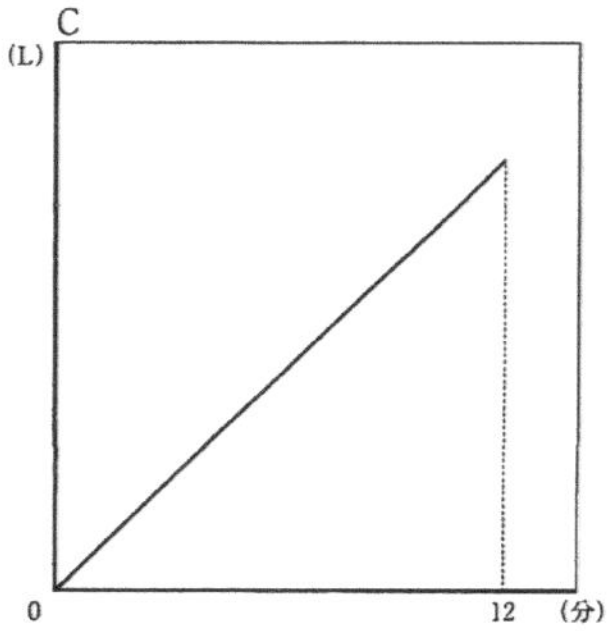

ア
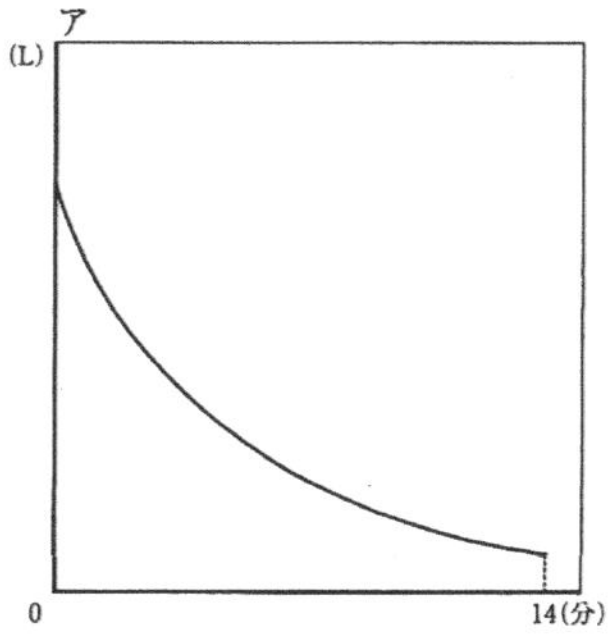

イ
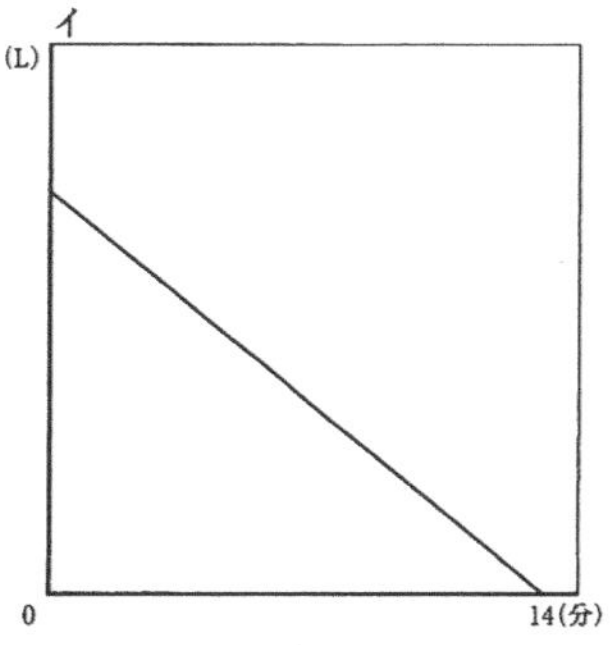

ウ
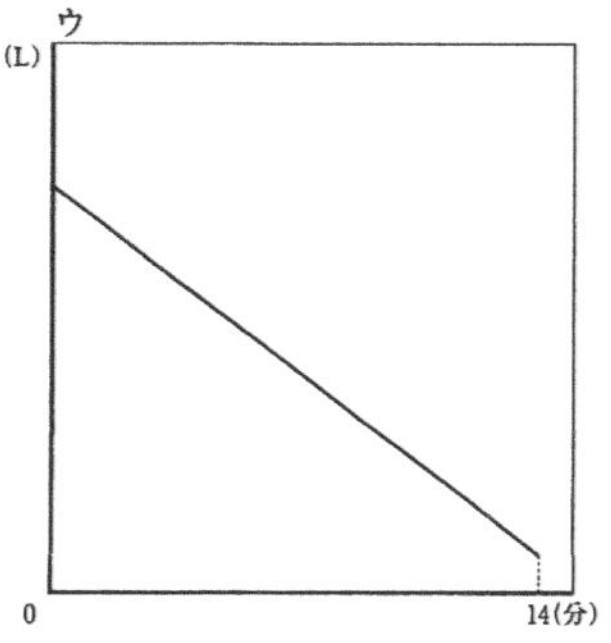

令和五年度
入学学力試験問題

国　語

令和五年一月五日（木）　十時～十時五十分（五十分）

【注意】
一　指示があるまで問題用紙を開かないこと。
二　受験番号を解答用紙の決められた場所に記入すること。
三　下書き等は、問題用紙の余白を利用すること。
四　解答は、すべて解答用紙に書くこと。
五　特に指示がない場合は、句読点・記号等も一字に数えること。
六　試験終了後、問題用紙・解答用紙をともに提出すること。

学校法人　古川学園
古川学園中学校

2023(R5) 古川学園中
教英出版

一 後の問いに答えなさい。

問一 問題文を読み、問の文章の【　　】に当てはまる言葉を後の選択肢《せんたくし》からそれぞれ一つ選び、記号で答えなさい。

1

問題文
弟が3㎞離れた駅に向かって家を出発しました。それから5分経って、兄が自転車で同じ道を追いかけました。弟は家を出てから12分後に兄に追い抜かれました。

問 弟は兄に追いつかれるまでに【　　】分間歩いた。

選択肢 ア 5分間 イ 7分間 ウ 12分間

2

問題文
宮城県は日本有数の「せり」の産地である。その中でも名取市は生産量の八割を占《し》め、二〇一七年の生産量は約270トンであった。

問 二〇一七年に宮城県は約【　　】トンのせりを生産した。

選択肢 ア 338 イ 270 ウ 216

3

問題文
心臓から送り出される血液が流れる血管を動脈、心臓にもどっていく血液が流れる血管を静脈という。

問 肺から心臓に向かう血管のことを【　　】という。

選択肢 ア 肺動脈 イ 肺静脈

4

問題文
ある説明会の会場としていくつかの部屋を準備しました。最初の予定では1部屋を50人ずつで使い、最後の1部屋だけは10席余るはずでしたが、当日参加者が20人増えてしまいました。

問 参加者が増えたため、席が【　　】。

選択肢 ア 10席余った イ 10席足りなくなった
ウ 20席余った エ 20席足りなくなった

2023(R5) 古川学園中
教英出版

5

問題文

需要《じゅよう》とは、買い手が欲しいと思うこと、供給《きょうきゅう》とは、売り手が売りたいと思うことを表します。需要と供給は商品の価格に影響しています。例えばオークションと同じように、たくさんの欲しい人が少ない商品をうばい合うことになると、欲しい人は「高くても買いたい」と思うため、結果として商品の値段は上がっていくことになります。

問 【　　】が上回ると商品の値段は上がる。

選択肢 ア 需要を供給　イ 供給を需要　ウ 商品価値を予想

問二 問題文が正しいとき、問の文は正しいですか、誤っていますか。選択肢からそれぞれどちらかを選び、記号で答えなさい。

1

問題文

周囲の長さが8㎞の池がある。この池をA君、B君の2人が自転車で同じ場所を出発し、それぞれが反対方向にまわると15分で出会い、同じ方向にまわると53分でA君がB君を追い抜く。

問 B君よりもA君の方が速い。

選択肢 ア 正しい　イ 誤っている

2

問題文

イカのからだと足には節《ふし》がない。このような動物を軟体《なんたい》動物という。軟体動物には外とう膜《まく》という膜があり、内臓の部分をおおっている。また、アサリやサザエのように外とう膜をおおう貝殻があるものもいる。

問 アサリのからだや足には節がない。

選択肢 ア 正しい　イ 誤っている

3

問題文

楽市《らくいち》・楽座《らくざ》は安土桃山時代に各地の戦国大名により行われた経済政策である。税や、商人たちの特権をなくすことで経済を発展させ、城下町を繁栄《はんえい》させることを目的に実施された。織田信長によって行われたものが特に有名である。

問　楽市・楽座は安土桃山時代に織田信長が考えた経済政策である。

選択肢　ア　正しい　　イ　誤っている

4

問題文

私たちの生活で最も利用されている化学変化は燃焼《ねんしょう》である。私たちは、石油や天然ガスなどの燃料を燃焼させて得られる熱を、暖房や調理などに直接利用したり、火力発電所で電気に変えたりしている。

問　電気は燃焼によって作られる。

選択肢　ア　正しい　　イ　誤っている

5

問題文

世界には6つの大陸があり、6つの州に区分されています。まず、大陸の名前と州の名前が同じである北アメリカ州、南アメリカ州、アフリカ州です。ユーラシア大陸は、日本をふくむアジア州と、イギリスやフランスなどをふくむヨーロッパ州にわかれています。オーストラリア大陸は、オーストラリアと周辺の島国などをふくめて、オセアニア州とよばれます。南極大陸は、州には属しません。

問　ユーラシア大陸とオーストラリア大陸を除くすべての大陸は州と同じ名前を持つ。

選択肢　ア　正しい　　イ　誤っている

二　次の文章をよく読んで、後の問いに答えなさい。

「勉強」とは、データを頭にインプットする行為（つまり記憶）と同義ではない。そのデータを活用する能力を身につけることが勉強の目的であり、あるときは個々のデータを関連づけて、複合的な知見を得ること、さらに、それをどのようにアウトプットするのか、ということまでも含めた総合的な能力を養うことが、勉強と総称されているわけである。

たとえば、学校では頻繁《ひんぱん》に発表会なるものが開催される。大勢の前でプレゼンをする練習である。研究発表会といったものもあるはずだ。このように、［あ］することで、一度頭に入れたデータを関連づける「気づき」を伴うこともあるし、また、他者に向けて言葉を発するという行為によって、普段よりも i インショウ強く記憶が形成される効果も認められる。つまり、［い］することは、［う］したものを応用したり、また、長く記憶に留めるのに役立つので、その意味では立派な「勉強」といえる。

そのような方法論、あるいは効率的なことは脇へ置いて、本質的なことに目を向ければ、「勉強」というのは、第一に、やはり外部にあるデータを自分の頭脳に取り込むことである。また、第二に、その［え］の ii カテイにおいて、そのデータが使いやすいように整理されていることも重要視される。

この第一の行為は、「覚える」という動詞で代表されるが、第二は、「理解する」という言葉が用いられることが多い。

覚えているだけでは駄目で、理解している必要がある、というのはよく耳にする指摘《してき》であるが、これは、知識として記憶されるデータを、関連づけ、iii スジミチをつけたものとして整理することを、「理解する」といっているのだろう。

記憶したものをそのまま［お］するだけで問題が解決する例は、非常に限られている。試験問題か、あるいはクイズくらいだろうか。社会で生きていくときに直面するような問題というのは、頭の中の知識を答えるだけで解決するものでは基本的にない。

だからといって、ものを覚えることに意味がないというわけではない。たとえば、言葉を覚えたり、文字を覚えることで、文章が読めるようになるわけだが、文章を読む能力は、新たな知識を自力で取り入れることを可能にする。知識が広がることは、その人の行動の範囲を広げることでもある。あらゆる方向に可能性が見えてくるし、また、成功する確率を高くし、そこに到達する時間を早める。

テストで正解を答えることが、勉強の主目的となっているのが、現代の教育の最大の問題だともいえる。実際、テストで良い点を取ること、入試に合格することが、多くの子供たちにとって勉強の目的となっている。それを目的にしないと、小学校や中学校の生徒たちに、勉強のモチベーションを持たせることが難しいからだろう。

しかし、こうした「記憶」に偏《かたよ》った勉強ばかりしていると、覚えたことを正確に答えることが人間の能力だと勘違《かんちが》いしてしまうため、1 社会に出てから少々不具合が生じることになる。

何故《なぜ》ならば、データの記憶や出力の正確さは、人間よりも機械の方がはるかに高い能力を持っているからだ。現代社会においては、その種の作業はすべて自動化され、ＡＩが進出している。人間の記憶能力は、もはや求められていない。それこそ、ＴＶのクイズ番組に出場するくらいしか、その能力を発揮する場がない。

また、試験で高得点を取ること、合格することをモチベーションにしている人は、結局は「他者に勝つ」こと、合格して周囲から「褒《ほ》められる」ことが、勉強の報酬《ほうしゅう》だという認識を持っている。若いうちはそれでも良いのかもしれないが、しばらく社会を生きていくうちに、大きな壁にぶつかることになるだろう。

社会は、試験のようなわかりやすいゲームの場ではなく、もっと複雑な問題解決の能力が要求される。多くの場合、新たな発想であるとか、創造的な思考を求められる。頭がそちらへ切り替えられる人は良いが、ただ覚える、覚えたことを出す、という能力だけでは、いずれ「役に立たない人間」と認識される結果になりかねない。

データを正確に記憶し、それを正しく瞬時にアウトプットする能力は、大学の入試であるとか、あるいは各種職業のⅳシカク試験でしか役に立たない。これらは、人生のゴールではない。その分野のスタート地点にすぎない。そこで合格することで、同じ能力を持った他者と、これまで使ったことがない能力を比較される場へ迎え入れられる。だから、合格したと喜んでいられるのはごく短い間だけだ。むしろ、2難しい立場にわざわざ立たされた、と認識した方が良いだろう。

データのインプットによって難関の大学に入り、その後も成功を重ねた方たちが大勢いる。しかし、そういう人たちは、その後、別の勉強をされている。データを応用し、関連づけ、新しい発想をすることを、それぞれの職場で勉強している。実は、ここからが本当の勉強といえるのかもしれない。

大人になって、なにかの職業に就《つ》いたあとも、勉強は続く、ということである。

この時点になると、「勉強」という言葉を使わない分野も多いかもしれない。それに換《か》わって「仕事を覚える」という表現が多くなりそうだ。だから、その仕事に就いたばかりの新人は、その仕事特有の知識がなにかあって、それを誰か先輩が教えてくれるものだ、と期待する。事実、そういった情報がきちんとマニュアルとなっている業種もあるが、それは、作業が非常に単純で、バイトのようにすぐに働くことができる場に限られるだろう。

多くの仕事は、マニュアル化されていない。文章化できないようなノウハウが、その仕事の核となっているのだ。これは、「コツ」と呼ばれたり、「技術」と呼ばれたり、あるいは、「人間関係」とか、「信頼」とか、まったく別の要素として評価されるものだが、結局は、その個人が勉強したことであり、個人の中に築かれるものだ。「知識」にはちがいないのだが、簡単に頭から出せないし、人に伝達することも困難である。3ちょうど、「自転車の乗り方」のようなものだ。どうやって倒れずに走れるのか、言葉では説明できないだろう。

ここまで来ると、いったい「勉強」とは何か、という問題がいかに広い範囲に及び、複雑かつ総合的なテーマになっているかということに気づかれるはずである。

無理に言葉にすれば、勉強とは「自分を高める行為」というくらい抽象的にしか表現できない。そんな話をすると、「高める」とは何か、という問題になり、これまた、個人によってさまざまな方向性を持っているから、一義的に、これが「高い」とか、あちらの方が「高い」とはいえなくなる。

子供たちに、「勉強とは、君を高めることだ」と教えても、首を捻《ひね》られるだけだろう。「背が高くなるの？」と尋ねられるのがオチである。

ただ、4「高い」という表現は、非常に的確に抽象しているように感じる。勉強で自身を高めることができると、何が得られるのかといえば、それはまず「広い視野」であり、俯瞰《ふかん》による客観的な「観察力」、そしてまた、あらゆるものを遠望できる「予測力」、あるいは「想像力」である。これらは、「高い」位置だからこそ可能になるもの、といえばイメージしやすい。

そして、そういった視野、客観、遠望によって得られるものは、もちろん自身にとって非常に大きな価値であり、未来の利益をもたらすだろう。これも抽象的にしか語れない。なにしろ、個人によってそれぞれ「利益」が異なっているからだ。ある人は、富を得るし、またある人は人気や人望を得る。さらには、自身の安全な立場をVコウチクする。いずれも、自身にとっての満足のいく幸せな人生に結びつくだろう。

そういうものを得るための行為が「勉強」と呼ばれるのである。

（森　博嗣『勉強の価値』）

問一　あ～おには「アウトプット」か「インプット」のどちらかが入ります。「アウトプット」が入るものには「ア」で、インプットが入るものには「イ」で、それぞれについて答えなさい。

問二　――線部1「社会に出てから少々不具合が生じることになる」とありますが、筆者が考える不具合とはどのようなことだと考えられますか。最もふさわしいものを次の選択肢の中から一つ選び、記号で答えなさい。

ア　覚えたことを正確に答えることができないこと。
イ　ＡＩに仕事をうばわれること。
ウ　記憶能力を発揮する場がないこと。
エ　他者に勝てなくなること。

問三　――線部2「難しい立場」とはどのような立場ですか。最もふさわしいものを次の選択肢の中から一つ選び、記号で答えなさい。

ア　人生のゴールだと思ったのに、新たにスタートしなければならない立場。
イ　短い間しか合格した喜びにひたれない立場。
ウ　今までとは別の勉強をしなければならない立場。
エ　同じ能力を持った他者と、今まで使ったことのない能力を比較される立場。

問四　――線部３「ちょうど、『自転車の乗り方』のようなものだ」とありますが、何がどのような点で「自転車の乗り方と同じ」なのですか。五十字以内で説明しなさい。

問五　――線部４「『高い』という表現は、非常に的確に抽象しているように感じる」について

（１）このように筆者が感じるのはなぜですか。六十字以内で説明しなさい。

（２）次の文章は、本文に続いて書かれているものです。これを読み、「抽象」とは反対の意味を持つと考えられる言葉を、そのまま抜き出して答えなさい。

一番問題なのは、この勉強という行為の「抽象性」にあるといっても過言ではない。勉強が「何の役に立つのか？」と問われることは、非常に多い。社会に出てから、「こんな知識が本当に役に立つのか」と疑問を投げかける人も多数いるはず。

しかしそれは、勉強という行為の抽象性が理解されていないから、生じる誤解である。勉強は、そのように具体的な成果を求める行為では、そもそもない。

そこが最も重要なポイントであるにもかかわらず、いつも「何の役に立つのか？」という反発を受けるのが「勉強」であり、これに対する具体的な言い訳をしてしまうことでますますわけがわからなくなるのだ。

したがって、「勉強が何の役に立つのか？」と問われたときに僕は、「あなたは何の役に立つのか？」ときき返すことにしている。多少丁寧に問うとしたら、「あなたは何の役に立ちたいのですか？」となり、それに対する本人の返答が、勉強をする目的になりうるし、それがつまりは、「人間の価値」にもなるだろう。

問六　次の**ア**～**エ**について、本文の内容に合っているものには○で、異なるものには×で、それぞれについて答えなさい。

ア　筆者は、ものを覚えることには意味がないと考えている。

イ　記憶することを主な目的とした現代の教育に対して、筆者は大きな問題を感じている。

ウ　筆者は、仕事についてからマニュアルを覚える必要があるという点で、大人になってからも勉強は続くと考えている。

エ　筆者は、勉強とは範囲が広く総合的なものであり、「これが勉強である」と明確に定義することは難しいと考えている。

問七　――線部ｉ～ｖのカタカナを漢字に直しなさい。

三　大介（ダイ）は父親の仕事の関係により二歳のときからアメリカで暮らす一一歳の少年である。大介の姉の麻由子《まゆこ》は高校までは家族と離れて日本の伯父《おじ》と伯母《おば》のもとで生活していたが、大学進学を機に大介たちと一緒にアメリカで暮らすようになった。次の文章をよく読んで、後の問いに答えなさい。

十月になると、きゅうに肌寒《はださむ》くなった。学校の庭も、目が痛いほどの紅葉《こうよう》だ。僕は十月が好きだ。一年じゅうでいちばん、空気がすっきりしている。

十月最初の日曜日は、朝から大騒ぎの一日だった。1ことのおこりは、ママのお料理の会だ。「日本人駐在員妻の会」というおそろしい名前の会があってさ、十五人くらいの奥さんたちが、それぞれの家を順番にまわってお料理の研究会をするんだけれど、その日はそれが、うちの番だったんだ。ママなんか、前の晩からたいへんさ。おなべを全部みがいて、研究会のあとでつまむクッキーを焼いて。

僕もお姉ちゃんも、朝から機嫌《きげん》が悪かった。二人とも、お料理の会が嫌いなんだ。もっとも、嫌う理由は別々で、僕の理由は、

㈠おばさんたちのおしゃべりが、うそだろ、っていうくらいうるさいから（しかも、全部日本語なのだ）。

㈡夕食に、エタイのしれないものを食べさせられるから。

の二つで、

2アメリカかぶれの集団だから。

というのがお姉ちゃんの理由だった。

たしかに、アメリカかぶれも何人かいる。山下さんとか尾形《おがた》さんとかね。

「ハーイ、ダイ。これ、すごくヤミーよ」

なんて言う。ヤミーっていうのはおいしいっていう意味だけど、こんな俗語、僕だって恥ずかしくて使えない。お姉ちゃんじゃなくたって、アメリカかぶれって思いたくなるよ。そういうやつにかぎって、いつも日本を恋しがってばかりいる。キョウトに行きたいとか、日本の美容室のほうがカットが上手《じょうず》だとか、そんな話ばっかりするって、いつかママがこぼしてた。それなら日本に帰ればいいんだ。

でもそれは山下さんとか尾形さんとか、ごく何人かのことだ。お姉ちゃんが、そういう人たちとママをいっしょくたにしたりすると、僕は頭にくる。山下さんの「ヤミーよ」と、ママの「ハニー」は、ぜんぜんちがうのに。ママみたいに、ちゃんとアメリカが好きな人は、そういう言葉を使ってもいいんだと思う。だけど、

「どこがちがうの」

ってお姉ちゃんは言う。それでいつもけんかになるのだ。

きょうもそうだった。そろそろ夕方で、研究会もすみ、みんな応接間でお茶をのんでいた。僕とお姉ちゃんは、お姉ちゃんの部屋で、アメリカかぶれたちの悪口を言いあっていて、いつものようにけんかになった。

「けっきょく、あんたはマザコンなのよ」

とお姉ちゃんが言った。

「ママだってあの連中と同類なのに、あんたはそれを認めたくないんだわ」

「BULL SHIT《とんまめ》」

僕は言い返した。

「お姉ちゃんのにぶい頭じゃ、あいつらとママとのちがいなんかわからないんだ」

そのとき、電話が鳴った。この電話がいけなかったんだ。

それはお姉ちゃんの友だちからの電話で、二人はたっぷり十五分はしゃべっていた。僕は、お姉ちゃんの部屋をあらためて見まわした。i殺風景な部屋。ぬいぐるみだとか花だとか、※1ジルの部屋にあったようなものはいっさいない。それなのにジルの部屋よりもずっと女っぽくて、なんだか居心地《いごこち》が悪かった。ベッドの横のテーブルに、写真が三枚飾ってある。東京の伯父《おじ》さんと伯母《おば》さん、高校時代の友人たち、それから、僕が生まれる前の家族の写真。僕は、僕の知らない人たちの写真をながめ、僕の知らないお姉ちゃんの生活のことを考えた。

「デイビッドと約束してたんだけど」

電話口でお姉ちゃんが言う。きっとまたキャンセルするんだ。かわいそうなデイビッド。

「ううん。いいのよ、どうせたいした約束じゃないし。え？　やだ、まさか。デイビッドがおこるわけないじゃないの。やさしいだけがとりえだもの。おこる甲斐性《かいしょう》なんてないわ」

そう言ったお姉ちゃんの横顔は、すごくいやな感じだった。

「お姉ちゃんなんて最低だ」

電話を切ったお姉ちゃんに、僕は言った。「※2相手よりもむしろ自分自身をいやしめる言葉」を、思いつくかぎりならべてやりたかった。

「最低でけっこうよ」

眉《まゆ》一つ動かさないでお姉ちゃんが言う。僕はますます頭にくる。

「お姉ちゃんが最低なんて、最低がかわいそうだよ。お姉ちゃんなんて、アメリカかぶれのばばぁたちといっしょさ」

「ダイっ」

「いつまでもii未練たらしく昔の写真なんて飾っちゃってさ。そのくせアメリカ人のデイビッドなんかとつきあってるじゃないか」

「大介っ」

しまった、と思ったけれどおそかった。3お姉ちゃんはものすごい顔で僕にちかづいてきて、僕のほっぺたをおもいきりたたいた。痛いというより、熱いという感じだった。

「ぶた野郎《やろう》!!」

僕はどなって部屋を飛びだし、階段を駆けおりた。泣きそうになったけれど、泣かなかった。階段の下はコーヒーの匂《にお》いと香水《こうすい》の匂いとでむせかえりそうだ。

「こんにちは、ダイ」

そう言ったのは、よりにもよって尾形《おがた》さんだった。4まったく、吐きそうな日曜日だ。

エタイのしれない夕食（ママが言うにはスペイン料理）をすませ、お風呂《ふろ》に入り、テレビをみて寝るまで、僕はお姉ちゃんと口をきかなかった。もう、永遠に、口なんかきかないような気がした。

（中略）

水曜日。学校から帰るとすぐに、僕はプランターに土を入れ、種をまいた。種は黒くて小さくて、ごまにそっくりだった。ひととおりまきおえて、じょうろで水をやると、土は黒々とぬれて、しっとりした匂《にお》いが立ちこめる。自分の仕事に満足してながめていると、ドアが二回ノックされた。

「入るよ」

デイビッドだった。

「やぁ、ダイ」

「やぁ」

「マユコは下に、コーヒーをいれに行ってるんだ」

「へぇ」

「ちょっと、すわってもいいかな」

デイビッドは、ベッドの上に腰をおろした。ベッドがきしむ。デイビッドは巨大なんだ。誰がみてもフットボールの選手だってわかる。

「マユコと、けんかしてるんだって?」

「うん」

そらきた、と僕は思った。

「だめだよ、デイビッド。いくらデイビッドにたのまれたって、お姉ちゃんが先に口をきかないかぎり、僕は口をきかない」

デイビッドは、口を半分だけまげて笑った。

「みそしる、のんだことがあるだろ」

「もちろん」

僕はこたえた。ママはよく日本食をつくる。そうして僕は、日本食が好きだ。さしみも、みそしるも、なっとうだって好きだ。のりだけはだめだけどね。あんな、黒くて紙みたいなもの、よく食べられると思うよ（もっとも、つくだににしてあれば別だ。あれは甘くておいしい）。

「でもマユコは、あれはほんとうのみそしるなんかじゃないって言うよ」

デイビッドが言った。

「日本じゃ、みそしるにコーンやペペロニは入れないって。ママは日本人なのにみそしるを忘れてしまったって」

僕はすごく不愉快になった。僕はママのみそしるが好きだったし、僕にとってはあれがみそしるだったから。

「東京の伯母《おば》さんはみそしるが上手《じょうず》だったって」

「へぇ」

「ナンセンスだよね」

デイビッドが言い、僕はこたえなかった。

「ナンセンスだけど、でも、つまりさ、マユコは二つの文化の間にいるわけだ。きみはアメリカ人だけど、マユコはちがうからね」

「それにさ」

僕がだまっているので、デイビッドは一人でしゃべる。

「マユコは女の子だよ。女が不可解でやっかいだっていうのは日本もアメリカもいっしょみたいだけれど、きみがアメリカ男ならさ、女には寛大になってやるべきだと思うな」

「……デイビッドは、マユコに寛大だね」

そのデイビッドを、マユコはマヌケだと思ってるんだよ、とはさすがに言えなかった。

「ここなの？　デイビッド」

ドアのむこうでお姉ちゃんの声がした。

「いま行くよ」

デイビッドは立ちあがり、5念をおすみたいに僕をじっとみて、それから、歯みがき粉《こ》のコマーシャルみたいにさわやかな顔で笑った。わかったよ、わかった。今夜、夕食のあとに、僕からお姉ちゃんに話しかけるよ。

運の悪いことに、僕はそれが水曜日だということを忘れていたのだ。夕食は、パパもいっしょだった。ただでさえきゅうくつなのに、お姉ちゃんに話しかけなきゃならないなんて、二重苦だ。僕はそわそわして、せっかくの鴨料理《かもりょうり》ものどを通らなかった。アメリカ男なら女に寛大なれ、か。デイビッドの歯みがき粉スマイルを思い出しながらにんじんサラダばかりつついていたら、

「なんだ、うさぎじゃあるまいし」

とパパが言った。

「おちつきがないぞ」

人の気も知らないでさ。

「それから、土曜の夜、島田が遊びにくるそうだ」

「ふうん」

「あら、あんまりうれしそうじゃないのね」

「別に……」

別にそういうわけじゃない。

あれっ、と僕は思った。あんまりうれしそうじゃないのね、と言ったのは、たしかにお姉ちゃんの声だった。ぱっと顔をあげると、お姉ちゃんはにやっと笑った。意地悪そうな、お姉ちゃんのいつもの笑いかただった。

「ちぇっ」

僕は舌打ちした。

「ダイ、なんです。食事中ですよ」

ママが言う。でもそうじゃないか。お姉ちゃんはいつだってこうなんだ。涼しい顔で、僕に肩すかしを食わせる。ちぇっ、ちぇっ、ちぇっ、ちぇっ。僕は鴨《かも》にフォークをつきさして、がぶっとかみついた。

（江國　香織『こうばしい日々』新潮文庫刊）

（注）※1　ジル……大介のガールフレンド。

※2　相手よりもむしろ自分自身をいやしめる言葉……大介が学校の友人に乱暴な言葉を使った際に、そのような言葉は使った自分自身をいやしめるものだと先生から注意されていた。

問一　——線部ⅰ「殺風景」、ⅱ「未練たらしく」の語句の意味を、次の各群の**ア**〜**エ**のうちからそれぞれ一つずつ選び、記号で答えなさい。

ⅰ「殺風景な」

ア　白黒な

イ　物がなにもない

ウ　男っぽい

エ　面白みも飾り気もない

ⅱ「未練たらしく」

ア　あきらめが悪く

イ　いやらしく

ウ　被害者ぶって

エ　必要以上におおげさに

問二　——線部1「ことのおこり」とありますが、「こと」が指す内容として最もふさわしいものを次の選択肢の中から一つ選び、記号で答えなさい。

ア　「僕」が山下さんや尾形さんたちを嫌っていること。

イ　「ママ」が昨晩から忙しかったこと。

ウ　「お姉ちゃん」が朝から不機嫌だったこと。

エ　「僕」が「お姉ちゃん」と仲たがいしたこと。

問三　――線部２「アメリカかぶれ」とありますが、ここでの意味として最もふさわしいものを次の選択肢の中から一つ選び、記号で答えなさい。

ア　日本文化を恋しがってばかりいるのに、ことさらにアメリカの俗語《ぞくご》を使いたがる人物。
イ　こだわりが強く、アメリカ独自の具材でアレンジされた日本食を認めようとしない人物。
ウ　現地では子どもしか使わないような俗語を、大人でありながら積極的に使いたがる人物。
エ　アメリカ文化を愛するあまり、日本文化を不当に馬鹿にする発言の多い人物。

問四　――線部３「お姉ちゃんはものすごい顔で僕にちかづいてきて、僕のほっぺたをおもいきりたたいた」とありますが、「お姉ちゃん」がこのようなことをしたのはなぜですか。解答欄に続く表現に合うように、五十字以内で説明しなさい。

問五　――線部４「まったく、吐きそうな日曜日だ」とありますが、大介がこのように考えるのは日曜日にどのようなことがあったからですか。**適当でない**ものを一つ選び、記号で答えなさい。

ア　自宅で、自分が嫌っている料理研究会が開催されている。
イ　姉との口論の末に、ほっぺたをおもいきりたたかれた。
ウ　姉とのけんかの原因と言える尾形さんから声をかけられた。
エ　エタイの知れない料理を晩御飯に食べるはめになった。

問六　――線部５「念を押すみたいに僕をじっとみて」とありますが、この時「デイビット」が「僕」に「念を押」したかったことはどのようなことですか。簡単に答えなさい。

問七　本文の内容に合うものを次の選択肢の中から一つ選び、記号で答えなさい。

ア　「お姉ちゃん」と、生まれた国と育った国の二つの文化の違いに戸惑う「大介」の内面の変化が丁寧に描かれている。
イ　生まれ育った環境の違いから意見の対立が多い「大介」と「お姉ちゃん」が、大喧嘩《おおげんか》を経て、少しずつお互いを家族として認めあう様子が描かれている。
ウ　アメリカ育ちの「大介」が、生粋《きっすい》のアメリカ人であるデイビットと話すことで、自覚せずとも「日本人」としての考え方をしていたことに気付く様子が描かれている。
エ　アメリカに住む日本人家庭の日常生活の様子が、アメリカ人としての感性を持つ一一歳の「大介」の目を通して描かれている。

令和４年度
入学学力試験問題

算　　数

令和４ 年１月６日（木） 11 時 10 分～ 12 時 00 分（50 分）

受験番号	

【注意】

1　指示があるまで問題用紙を開かないこと。
2　受験番号を解答用紙の決められた場所に記入すること。
3　計算等は，問題用紙の余白《よはく》を利用すること。
4　解答は，すべて解答用紙に書くこと。
5　試験終了後，問題用紙・解答用紙をともに提出すること。

学校法人　古川学園

古 川 学 園 中 学 校

1 次の □ にあてはまる記号や数を答えなさい。

(1) 次のア～エの式の計算結果をそれぞれ求め，大きい順に記号を並べると □ になる。

ア．24÷2＋6　　イ．24－6×2　　ウ．24÷6×2　　エ．24＋6÷2

(2) $12.25\times\frac{2}{7}-8.05\times\frac{2}{7}-4.2\times\frac{2}{7}=$ □

(3) $48\times\left(\frac{5}{12}-\frac{1}{16}\right)=$ □

(4) $\frac{3}{5}\div\frac{3}{2}\times\frac{1}{4}=$ □

(5) $\left(\frac{1}{3}+0.25\right)\div\left(\frac{1}{2}-\frac{1}{3}\right)=$ □

(6) 24：18＝ □ ：3

(7) $\frac{7}{2}$：6.3＝5： □

(8) (8－2× □)×5＝10

2 次の□にあてはまる数や記号を答えなさい。

(1) □人の85%は，1700人です。

(2) ある駅では，A駅行きの電車が12分おきに，B駅行きの電車が15分おきにそれぞれ発車します。ある時刻にA駅行きの電車とB駅行きの電車が同時に発車しました。次に同時に発車するのは□分後です。

(3) 分量（mL）の比が酢：オリーブオイル＝３：５のドレッシングがあります。このドレッシング120mLにふくまれるオリーブオイルの分量は，□mLになります。

(4) 濃度が６％の食塩水300gを何gかこぼしてしまったので，水を加えて元の重さの300gにしました。すると，濃度が５％になりました。加えた水は□gです。

(5) Aさん，Bさん，Cさん，Dさん，Eさんの体重は，

ア．Aさんは，Bさんより軽い。
イ．Dさんは，Bさんより重い。
ウ．Eさんは，Aさんより重い。
エ．Eさんは，Cさんより軽い。
オ．Bさんは，Cさんより重い。

となっています。５人を体重の軽い順に並べると□です。

令和四年度　古川学園中学校　入学学力試験　国語

※100点満点
（配点非公表）

受験番号

一

問一　1　2　3　4　5

問二　1　2　3　4　5

二

問一　15

問二

問三

問四　a　b　c　d　e

問五　ア　30　20

イ　30　20

問六

問七　20

(6) 度	(7) cm^2	(8) cm^3

3

(1) 個	(2) 回目	(3) 個

4

(1) 円	(2) 円	(3) 個

5

(1) 分速 m	(2) m	(3) 時 分

令和４年度　入学学力試験問題　算数　解答用紙

※100点満点
（配点非公表）

受験番号

※解答はすべて解答欄《らん》の中に書きなさい。

1

(1) → → →

(2)

(3)

(4)

(5)

(6)

(7)

(8)

2

(1) 人

(2) 分後

(3) mL

【解答

問八

ア

イ

ウ

エ

問九

i

ii

iii

iv

三

問一

i

ii

問二

20

40

60

70

問三

問四

問五

問六

問七

(6)　二等辺三角形の１つの角が100度のとき，他の角の大きさは，□度です。

(7)　右の図形の影をつけた部分の面積は，□cm^2です。
ただし，円周率は3.14とします。

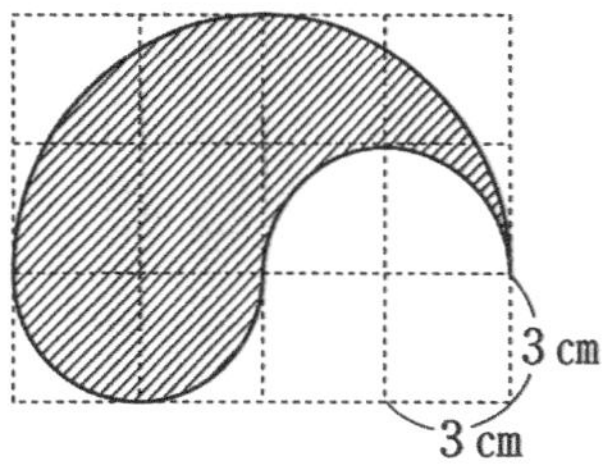

(8)　右の立体の体積は，□cm^3です。

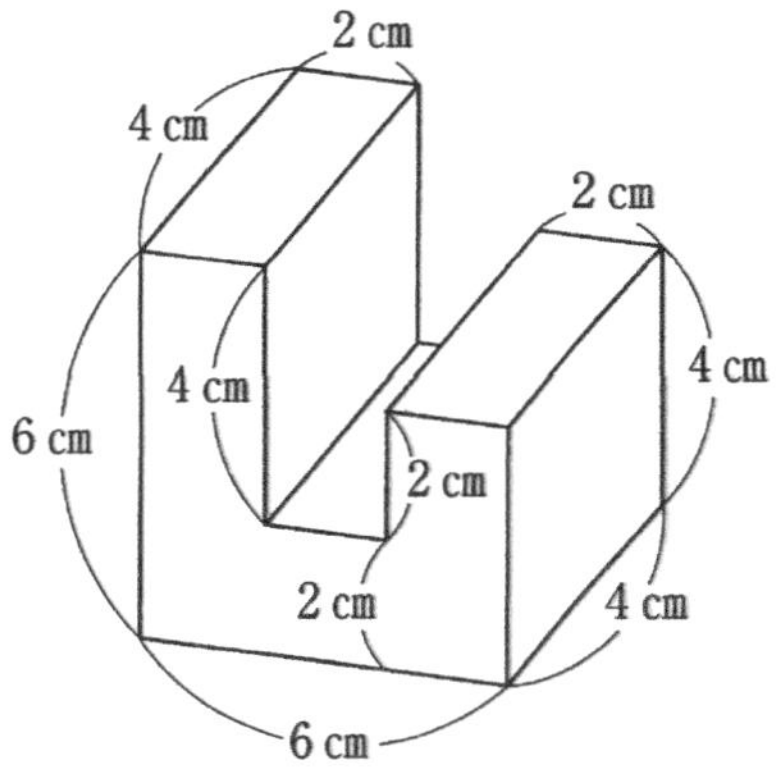

3 次の図のように，古川君がご石を追加して正方形を大きくしていきます。1回目は1個，2回目は3個追加して4個，3回目は5個追加して9個…と増やしていきます。このとき，次の問いに答えなさい。

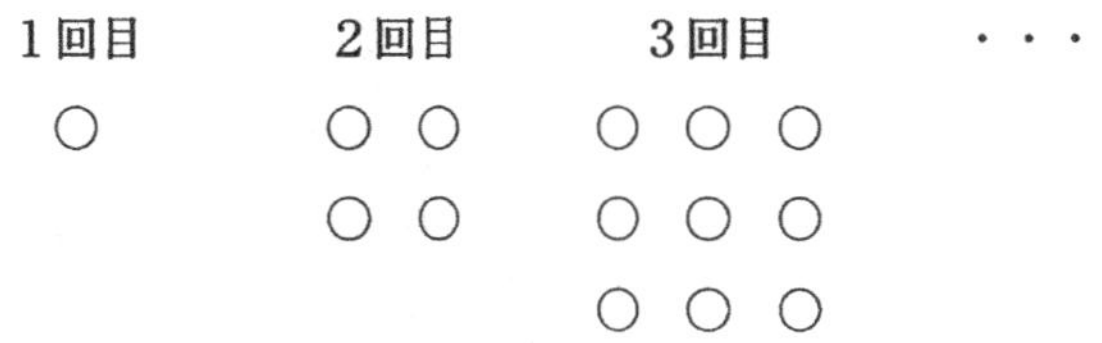

(1) 6回目には全部でご石は何個必要ですか。

(2) ご石を25個追加するのは何回目ですか。

(3) 古川君がご石を並べていると，弟もいっしょにやりたいと言ってきたので，ご石を何個か渡しました。弟が正方形をつくり始めてから何回目かでご石が15個余っていましたが，次の正方形をつくるには4個足りませんでした。古川君が弟に渡したご石は何個ですか。

4 あるお店で1個3000円の商品を200個仕入れました。それらの商品に30%の利益を見込んで定価をつけて売ったところ，何個か売れ残ってしまいました。次の問いに答えなさい。

(1) 商品1個の定価は何円ですか。

(2) 売れ残った商品を定価の2割引きで売ったところ，すべて売り切れました。値引きした商品1個の値段は何円ですか。

(3) お店の利益が117600円のとき，定価で売れた商品は何個ですか。

5 まみさんは，家から2400m離れた図書館へ，８時20分に家を出て９時ちょうどの開館に間に合う速さで歩いていきました。ところが，途中にある公園で友達と会い，10分話し込んでしまいちょうど９時になってしまいました。その直後から友達と歩き始めましたが，そのときの速さは，１人で歩いていたときの$\frac{2}{3}$の速さです。次のグラフは，まみさんが図書館に着くまでに，家から歩いた道のりと時刻の関係を表したものです。このとき，次の問いに答えなさい。ただし，歩く速さは一定とします。

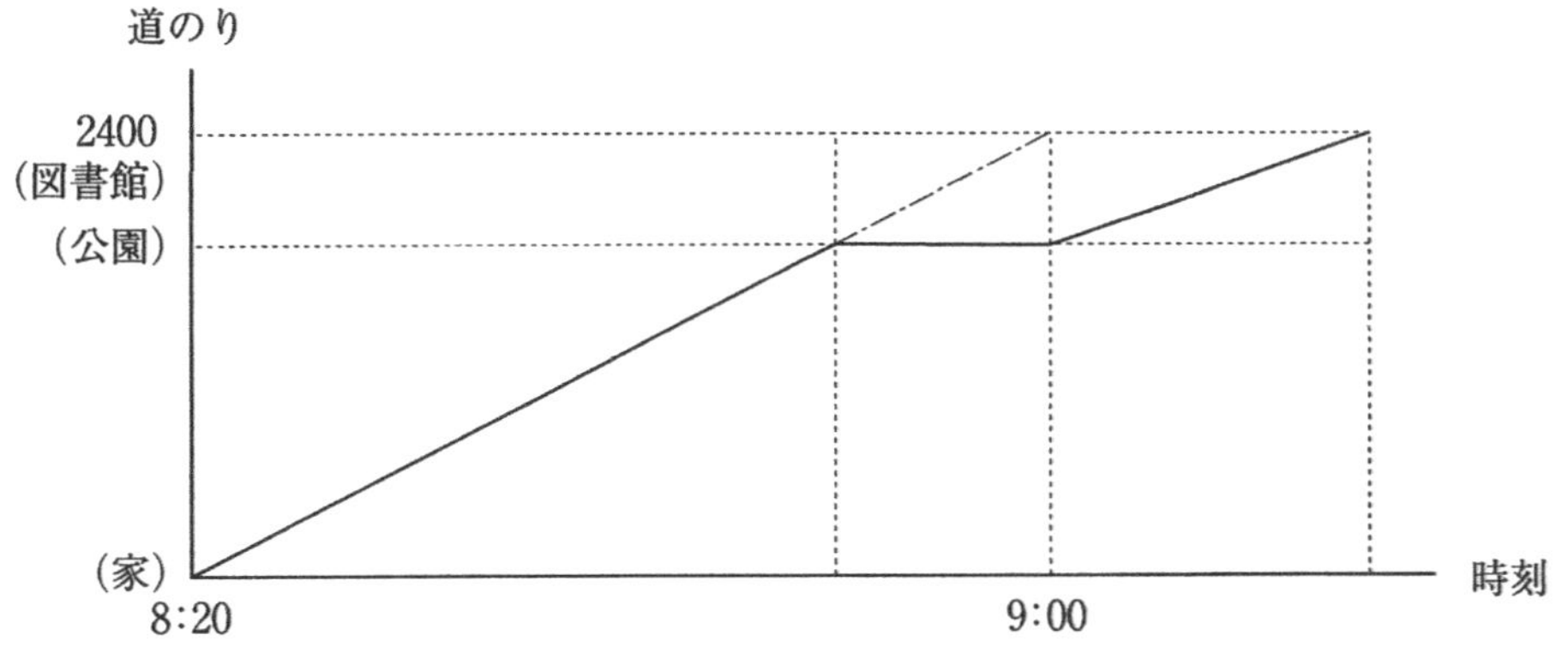

(1) 公園に着くまでの歩く速さを求めなさい。

(2) 家から公園までの道のりを求めなさい。

(3) 図書館に着いたのは，何時何分ですか。

令和四年度
入学学力試験問題

国　語

令和四年一月六日（木）　十時～十時五十分（五十分）

【注意】

一　指示があるまで問題用紙を開かないこと。
二　受験番号を解答用紙の決められた場所に記入すること。
三　下書き等は、問題用紙の余白を利用すること。
四　解答は、すべて解答用紙に書くこと。
五　特に指示がない場合は、句読点・記号等も一字に数えること。
六　試験終了後、問題用紙・解答用紙をともに提出すること。

学校法人　古川学園
古川学園中学校

2022(R4) 古川学園中
教英出版

一　後の問に答えなさい。

問一　問題文を読み、問の文章の【　】に当てはまる言葉を後の選択肢《せんたくし》から選び、記号で答えなさい。

1

問題文
長さ170mの列車が一定の速さで300mの橋を渡るとき、渡り始めてから完全に渡り終えるまで24秒かかった。

問　列車が24秒間で走った距離は【　】である。

選択肢　ア　170m　イ　300m　ウ　470m

2

問題文
気温は地上から高さ10kmまでは、1km高くなるごとに6℃ずつ下がる。

問　地上の気温が30℃の時、標高2000mの山頂の気温は【　】である。

選択肢　ア　12℃　イ　18℃　ウ　42℃

3

問題文
植物は、成長するために光を吸収する必要があります。植物の葉が緑色に見えるのは、葉などに含まれるクロロフィルという物質が、太陽光にふくまれる緑色以外の光を吸収しているからであると考えられます。

問　植物が成長するために必要な光の色は【　】である。

選択肢　ア　緑色　イ　緑色以外の色　ウ　全ての色

4

問題文
地球は24時間で1回転するので、1時間に15度ずつ回っていることになります。例えば、日本（東経135度）が午後1時になると、日本からおよそ15度西にある中国やフィリピン（東経120度）などが、正午を迎えています。

問　東経150度にあるシドニーは、日本が午後1時の時、【　】である。

選択肢　ア　午前11時　イ　午後2時　ウ　正午

5

問題文

イギリスから独立後、アメリカは、十九世紀の前半、ヨーロッパ諸国と互いに干渉しない方針をとる一方、国内では西部の開拓に力を注ぎ、太平洋岸に向かって領土を拡大していきました。十九世紀の中ごろには、黒人奴隷《どれい》を使う大農場（プランテーション）が広がり、綿花などの栽培と輸出が盛んな南部の州の工業化が進み、奴隷制度に反対する北部の州との間で対立が激しくなりました。北部側の支援するリンカーンが大統領になると、南部側は合衆国から離れ、一八六一年、南北戦争が起こりました。リンカーンは奴隷解放を宣言し、戦争はまもなく北部側の勝利に終わりました。その後、アメリカでは西部の開拓がいっそう進み、工業もめざましく発展しました。

問 南北戦争が起きたのは、北部側と南部側の対立が、【　　　】が原因で激しくなったためである。

選択肢 **ア** ヨーロッパ諸国　**イ** リンカーン　**ウ** 奴隷制度

問二 **問題文**が正しいとき、**問**の文は正しいですか、誤っていますか。**選択肢**から選び、記号で答えなさい。

1

問題文

ある中学校の1学年の生徒240人にアンケートを取ったところ、スマートフォンを所持している生徒は男子で47%、女子で53%にのぼった。

問 スマートフォンを所持している生徒の人数は、男子よりも女子の方が多い。

選択肢 **ア** 正しい　**イ** 誤っている　**ウ** どちらともいえない

2

問題文

ディオファントスは一生の6分の1を少年として、さらに12分の1を青年として過ごした。その後、一生の7分の1を過ぎて結婚し、5年経ったのちに息子を授かった。しかしながら、息子はディオファントスの一生の半分しか生きられず、ディオファントスより4年早く亡くなった。

問 ディオファントスが84歳まで生きたとすると、息子は80歳で亡くなった。

選択肢 **ア** 正しい　**イ** 誤っている　**ウ** どちらともいえない

3

問題文

地震のゆれはじめの時刻が同じ地点を結ぶと、震央《しんおう》を中心とした同心円状になる。これは震源で発生したゆれが、ほぼ一定の速さで大地を伝わるからである。また、ゆれの大きさは震源からはなれるほど小さくなり、震度の分布もほぼ同心円状になる。

※　震央……地震が発生した場所の真上の地点。　　同心円……中心が同じで半径が異なる円。

問　震央からの距離《きょり》が同じであれば、場所が異なっていても震度は同じ大きさになる傾向がある。

選択肢　ア　正しい　　イ　誤っている　　ウ　どちらともいえない

4

問題文

心臓から出る血液が流れる動脈は、肺へ向かうものと、肺以外の全身に向かうものに分けられる。そして、心臓にもどる血液が流れる静脈も、肺からもどってくる血液が流れるものと、全身からもどってくる血液が流れるものに分けることができる。心臓から肺以外の全身を通って心臓にもどる血液の流れを体循環といい、心臓から肺、肺から心臓という血液の流れを肺循環という。

問　体循環にも肺循環にも、動脈と静脈の両方が用いられる。

選択肢　ア　正しい　　イ　誤っている　　ウ　どちらともいえない

5

問題文

一五七一年、スペインは、マニラを植民地フィリピンの首都とし、やがてメキシコのアカプルコとの間に定期航路を開きます。マニラを植民地フィリピンの首都とし、やがてメキシコのアカプルコとの間に定期航路を開きます。メキシコやペルーで採掘された大量の銀がガレオン船に積まれ、アカプルコからマニラに送られてくるようになりました。スペインは、その銀を明（中国）との貿易の代金として支払いました。その結果、日本や中南米の銀が、銀の需要が高まっていた中国に集中したといわれています。

問　中国とスペインとの貿易にはそれぞれ銀が代金として支払われていた。

選択肢　ア　正しい　　イ　誤っている　　ウ　どちらともいえない

2022(R4) 古川学園中
K 教英出版

二　次の文章をよく読んで、後の問に答えなさい。

読書の楽しみや効用《こうよう》について、私はこれまでも繰《く》り返し語ってきました。

いつの時代も、読書はiスバらしいものです。思考力を伸ばし、想像力を豊かにし、苦しいときも前進する力をくれる。自己を形成し、人生を豊かにするのに欠かせないのが読書です。そのiiカチはずっと変わらないのですが、あえて1「いまこそ」と言いたいと思います。

「本を読まなくなった」とはずいぶん前から言われていることです。もう耳にタコができているという人もいるでしょう。

それでＡが痛いというならまだいいですが、「それがどうかしましたか?」と開き直っている人があまりにも多いiiiインショウです。

先日、恐ろしいデータを目にしました。「読書時間ゼロ」の大学生がivカハンスウを超えた、というものです（第53回全国大学生活協同組合連合会による学生生活実態調査。53・1%が1日の読書時間を「ゼロ分」と回答）。

大学で※1教鞭《きょうべん》をとっている者としてうすうすわかっていたことですが、数字を見るとやはり衝撃《しょうげき》でした。理系の学生が本ではなく論文を読んでいて、実験や計算に多くの時間を使っているというのならまだ理解できますが、文系の学生も本を読まないというのですから驚きです。

では実際、本を読まずに、何をしているのでしょうか?

読書をしていないとはいっても、文字を読んでいないわけではありません。ａ、大量に読んでいる。その多くはインターネットだったり、SNSだったりするわけです。

「本を読まなくても、ネットでいいじゃん」と言う人はいるかもしれません。

「すべてネットの中にあるではないか」と言われれば、まぁ、その通りです。毎日膨大《ぼうだい》な量の情報が追加されているネット上には、最近のニュースだけでなく古今Ｂのあらゆる物語や解釈《かいしゃく》や反応が含まれています。ネットの「青空文庫」では、著作権《ちょさくけん》の切れた作品を無料で読むこともできます。

ｂ、わざわざ本を読まなくてもネットでいいじゃないかという意見も見当違いなものではありません。

ｃ、ネットで読むことと読書には重大な違いがあります。それは「向かい方」です。

ネットで何か読もうというときは、そこにあるコンテンツにじっくり向き合うというより、パッパッと短時間で次へいこうとします。より面白そうなもの、アイキャッチ的なものへ視線が流れますね。ネット上には大量の情報とともに気になるキャッチコピーや画像があふれています。それで、ますます一つのコンテンツに向き合う時間は短くなってしまう。

最近は音楽もネットを介して聴くことが多くなっていますが、ネットでの「向かい方」では※2イントロを聴いていることができません。我慢《がまん》できなくて次の曲を探しはじめてしまいます。

そこで、いきなり※3サビから入るような曲のつくり方をしているという話を、あるアーティストの方から聞きました。

現代人の集中力が低下していることを示す研究もあります。2015年にマイクロソフトが発表したところによると、現代人のアテンション・スパン（一つのことに集中できる時間）はたった8秒。2000年には12秒だったものが4秒も縮み、いまや金魚の9秒より短いと言います。

これは間違いなくインターネットの影響《えいきょう》でしょう。[d]スマホが普及《ふきゅう》して、スマートフォンで常にいろいろな情報にアクセスしたり、SNSで常に短いやりとりをしたりするようになったことで、ある意味で「適応」した結果です。

このようにネット上の情報を読むのと、読書とは行為として全然違います。

ネットで文章を読むとき、私たちは「読者」ではありません。「2消費者」なのです。こちらが主導権を握っていて、より面白いものを選ぶ。「これはない」「つまらない」とどんどん切り捨て、「こっちは面白かった」と消費していく感じです。

消費しているだけでは、積み重ねができにくい。せわしく情報にアクセスしているわりに、どこかフワフワとして何も身についていない。そのときは「へえ」と思ったけれど、すぐに忘れてしまいます。浅い情報は常にいくつか持っているかもしれませんが、「人生が深くなる」ことはありません。

これは情報の内容やツールの問題というより、「構え」の問題です。

著者をリスペクトして「さあこの本を読もう」というときには、じっくり腰を据えて話を聞くような構えになります。著者と二人きりで四畳半の部屋にこもり、延々と話を聞くようなものです。ちょっと退屈な場面があっても簡単に逃げるわけにはいきません。辛抱《しんぼう》強く話を聞き続けます。

相手が天才的な作家だと、「早く続きが聞きたい」と言って寝る間も惜《お》しんで読書をすることもあるでしょう。しかし※4ドストエフスキーと二人きりになって3か月も話を聞かされ続けたりしたら、大概《たいがい》の人は逃げ出したくなります（やってみると最高なのですが）。実際、みんな逃げ出しつつあるわけです。

逃げ出さずに最後まで話を聞くとどうなるか。それは「体験」としてしっかりと刻み込まれます。3読書は「体験」なのです。実際、読書で登場人物に感情移入しているときの脳は、体験しているときの脳と近い動きをしているという話もあります。

体験は人格形成に影響します。あなたも[e]「いまの自分をつくっているのは、こういう体験だ」と思うような体験があるでしょう。

辛く悲しい体験も、それがあったからこそ人の気持ちがわかるようになったり、それを乗り越えたことで強さや自信になったりします。大きな病気になったり命の尊《とうと》さを感じる出来事があれば、いまこの瞬間を大事に思えるようになるなど、人格に変化をもたらします。

自分一人の体験には限界がありますが、読書で擬似《ぎじ》体験をすることもできます。

読書によって人生観、人間観を深め、想像力を豊かにし、人格を大きくしていくことができるのです。

読書よりも実際の体験が大事と言う人もいます。実際に体験することが大事なのはその通りです。でも、私は読書と体験は矛盾しないと考えています。本を読むことで、「これこれを体験してみたい」というモチベーションになることはありますし、それ以上に、言葉にできなかった自分の体験の意味に気づくことができます。
実際の体験を何十倍にも生かすことができるようになるのです。

（齋藤　孝『読書する人だけがたどり着ける場所』）

（注）※1　教鞭をとる……教師として生徒に教える。
※2　イントロ……イントロダクションの略。導入部分。
※3　サビ……楽曲の聞かせどころ。
※4　ドストエフスキー……ロシアの小説家。「罪と罰」、「カラマーゾフの兄弟」などが有名。

問一　――線部1「『いまこそ』と言いたいと思います」とありますが、筆者は「いまこそ」何だと主張しているのですか。十五字以内で答えなさい。

問二　空欄《くうらん》Aに入る体の部位を漢字一字で答えなさい。

問三　空欄Bに当てはまる漢字二字を答えなさい。

問四　空欄a～eに当てはまる語句を次の中から選び、記号で答えなさい。

ア　ですから　イ　とくに　ウ　しかし　エ　きっと　オ　むしろ

問五　筆者は、本文の後に続く部分で次のように述べています。――線部i「浅瀬で貝殻をとっている」、――線部ii「深いところへ潜りにいく」について、本文では読むことに対してどのような違いがあると述べられていますか。【解答】のように説明した時、解答欄ア、イに合うようにそれぞれ指定字数以内で答えなさい。

【本文のあとに続く部分】
インターネットの海と言いますが、ほとんどの人はi浅瀬で貝殻をとっているようなもの。ii深いところへ潜りにいく人はあまりいません。潜れば、まだ見たことのない深海魚に出合えるかもしれないし、知らなかった世界が広がっているのに、です。

【解答】
「浅瀬で貝殻をとっている」とは、［ア　三十字以内］向き合い方であるのに対して、「深いところへ潜りにいく」とは、［イ　三十字以内］向き合い方である。

問六　――線部２「消費者」とありますが、筆者はなぜ消費者としてネットの情報を読むことが、読書に比べてよくないと述べていますか。筆者の主張と合わないものを次の選択肢から一つ選び、記号で答えなさい。

ア　読んだ内容をすぐ忘れてしまうから。
イ　読む内容や手に入る情報が浅いものになるから。
ウ　積み重ねができにくく、人生を深められないから。
エ　様々な情報にふれていても身につくものがないから。

問七　――線部３「読書は『体験』なのです」とありますが、筆者が主張したいのはどういうことですか。七十字以内で説明しなさい。

問八　次のア～エについて、本文の内容に合っているものには○を、異《こと》なるものには×を、それぞれ解答欄に書きなさい。

ア　筆者は、現代人は文字を読む機会が少ないと考えている。
イ　筆者は、読書によって自分の人生を深めることができると考えている。
ウ　筆者は、読書をするよりも実際に体験する方が大切であるという考えには否定的である。
エ　筆者は、読書をすることで初めて自分が体験したことの意味に気づくことがあると考えている。

問九　――線部ⅰ～ⅳのカタカナを、正しい漢字に直しなさい。

三　「サッカーをやめて、塾に通いたい」と小六になる俊介は突然両親に打ち明ける。以下の文は、母親・菜月と、父親・浩一が俊介の塾通いをめぐって話をする場面である。

次の文章をよく読んで、後の問に答えなさい。

「私、これまでやりたいこと全部、諦めてきたの。長女だから、弟がいるからって両親の言う通りにしてきた。それでも私、高校だけはやめたくなかった。いまになって高校を中退したことをすごく後悔してるの。やめた時はいつか※1高卒認定試験を受けようって思ってたけど、でも働き出したらそんなエネルギーどこにも残ってなくて……。私ね、自分が中学しか出てないってこと、浩一以外の人には言えてないの」

話しているうちに当時の悔《くや》しさが思い出され、両方の目から涙が溢《あふ》れた。「いまやめたら絶対に後悔《こうかい》します」そう言って何度も自分の両親に頭を下げてくれた女性教師の横顔が、まぶたの裏に浮かぶ。

「※2菜月の過去のことは……おれにはどうにもしてやれないよ」

涙を見た浩一が、驚《おどろ》いた顔で呟《つぶや》く。この人にこんなこと言ってもしかたがない。そうは思っても、一度溢れ出した感情を抑《おさ》えることはできない。

「うちの親も弟たちも、私が……高校生だった私が犠牲《ぎせい》になったこと、いまはすっかり忘れてるのよ。あの時のことはもう済んだこと、自分たちは家族で苦しい時代を乗り切ったんだってi美談《びだん》になってるの。でもね、私はいまも思ってる。どうしてあの時、私の両親は『自分たちのことはいいから』って言ってくれなかったのかなって。自分たちの暮らしより娘の将来を考えてくれなかったのかなって、そう思ってるの」

無理をしてでも私の未来を守ってほしかった。無理をしてほしかった。いま浩一と結婚して幸せな暮らしをしていて、でも時々、ほんのたまにだけれど、悔しくて泣きたくなることがあると菜月は打ち明けた。自分たちの親世代ならともかく、いま自分の周りには中卒の人はほとんどいない。学歴差別をするつもりはないが、自分自身のこととして、学歴が中学で終わっていることを気にせずにはいられないのだと1菜月は涙ながらに訴えた。

「菜月、なに言ってんの、おれは俊介が望むなら大学に行かせるつもりだよ。※3美音も行きたいなら行けばいい。金が足りないなら奨学金《しょうがくきん》を借りて、学校を出てから本人たちが働いて返せばいいことだろ？　でも中学受験は無理だよ、やっぱ」

「無理？」

「何度も言ってるけど、受かったところで2私立には行かせられないだろう？」

「うん……無理なのかもしれない」

でもね、と言った後、喉《のど》が詰《つ》まり菜月は唇《くちびる》を閉じた。感情を押しとどめるために両目を固くつむり、浅い呼吸を繰《く》り返す。3夫婦の間に暗い色の大きな川が流れている。もう互《たが》いの声は届《とど》かない。そう思った時だった。

「お父さん」

よく通る明るい声が、背後から聞こえてきた。自分の部屋にいた俊介が、いつのまにか扉《とびら》を開けて立っている。

「お父さん、これ見て」

真剣《しんけん》な表情で、俊介が手に持っていた冊子《さっし》を浩一の前に差し出した。

「なんだこれ？」

「※4倫太郎《りんたろう》が受験する中学校」

彼に借りてきたのか、俊介が手にしていたのは中学校の入学案内パンフレットだった。光沢のある表紙には、レンガ造りの立派な校舎の写真が載《の》っている。

「東栄大学附属駒込《ふぞくこまごめ》中学校……。倫太郎くんはここ受けんのか」

「そう言ってた」

「難しいのか」

「うん、日本で一番難しいんだって。おれも、ここを目指したいんだ」

俊介が口元を引き締《し》めて真面目に答えると、4浩一が「日本で一番難しいって、おまえ」と笑い出した。嘲笑《あざわら》うのではなく、心底楽しそうな顔で大きく口を開けている。俊介がサッカーを始めてすぐの頃に「ぼくは大人になったら日本代表選手になる」と宣言《せんげん》した時も、たしかこんな笑い方をしていたなと菜月は思い返す。

「お父さん、この学校は国立なんだ。だから学費がすごく安いんだ。倫太郎がそう言ってた」

俊介がパンフレットを指差し、浩一にiiにじり寄っていく。「国立」「学費が安い」と言われても、菜月はピンとこなかった。たぶん浩一もそうだろう。

「倫太郎、この学校の入試問題っていうのを持っててさ、おれも見せてもらったんだ。むちゃくちゃ難しかった。なにが書いてあるのか、さっぱりわからなかった」

「だったらおまえ……」

「でもねお父さん、塾に行って一生懸命勉強すれば、その難しい問題も解けるようになるって倫太郎が言うんだ。学校や※5ホップでは習えないことを、塾なら教えてくれるって」

お願いします、中学受験をさせてください、塾に行かせてください、おれはこの中学校しか受けない、それでだめだったら地元の広陵《こうりょう》中学に行くから、と俊介が切実な声を出し深く頭を下げる。

「なんだよ俊介、こんなことで男が頭下げるな」

浩一が俊介の肩に手を置き、丸めた背を起こそうとすると、5裸足《はだし》の足元に涙のしずくがぽとりと落ちた。

「俊介……」

浩一が困ったように顔をしかめ、菜月のほうを見てくる。テレビの前で手話をしながら踊《おど》っていた美音が走り寄ってきて、（お兄ちゃんどうしたの？）と俊介の手を引っ張る。

「お兄ちゃん、行きたい中学があるんだ」

俊介は泣き顔のまま美音に向かって口を動かす。美音はそんな兄の口元を食い入るように見つめている。

（じゃあ行ったらいいじゃん。お兄ちゃんの行きたい中学に、行ったらいいよ？）

「うん。いまお父さんに頼んでいるところなんだ。その中学に入るために、塾に行きたいって」

兄の言葉を一言も見逃すまいと、美音が目を細めて俊介の顔を見つめていた。

美音は俊介の言葉に頷《うなず》くと、すぐに浩一のそばに近づいていきその腕をつかんだ。そして、

（お兄ちゃんを塾に行かせてあげて）

と空気を切る力強さで話しかける。

「でもお兄ちゃんが塾に行くようになったら、美音は※6大きい子どもの保育園に行かないといけないんだぞ」

（どうして？）

「お兄ちゃんが塾に行くために、お母さんがお仕事しなきゃいけないんだよ」

俊介が声を押し殺して涙をこぼし続ける中で、浩一と美音の静かな会話が交わされる。美音はきつく唇を引き結び、（大丈夫）（美音、大きい子どもの保育園行く）（お母さんがお仕事してもいい）と小さな手を忙《せわ》しく動かし続ける。

浩一はしばらく子どもたちを交互《こうご》に見つめていたが、やがてパンフレットに視線を落とした。学費が記載《きさい》された箇所《かしょ》を凝視《ぎょうし》し、黙《だま》ったままなにかを考えこんでいる。

「なあ俊介、おまえはどうしてこの中学に行きたいんだ？」

パンフレットから視線を上げると、浩一が俊介に問いかけた。菜月も、俊介の横顔を見つめ答えを待つ。

「科学部に入りたいんだ。おれはこの学校で科学の勉強がしたい」

「科学部？　……ああこれか、『科学の甲子園』東京都大会優勝、全国大会の東京代表……かな。お父さんにはよくわからないけど、なんかすごそうだ」

「東駒の科学部は全国レベルだって倫太郎が言ってた」

「そうか。そういや俊介には夢があるんだよな」

「うん」

「どんな夢なんだ？　科学と関係あるのか」

「うん。でもいまは……言いたくない。夢が叶った時に話す」

「なんだそれ。それじゃプレゼンにならないだろ」

言いながら、浩一は息を漏《も》らすように笑った。笑ってから覚悟《かくご》を決めたように小さく頷き、

「わかった。この東栄大学附属駒込中学なら受験してもいい。でももしここがだめだったら広陵中に行ってくれよ」

と俊介の肩に手を置く。6大きな手のひらで肩をつかまれた俊介が、また涙を滲《にじ》ませ、美音がその顔を心配そうにのぞきこむ。菜月はそんな家族の姿を目にしながら込み上げてくるものを必死に抑え、「浩一、ありがとう」と口にした。

「いや、そんな、改めて礼を言われることじゃないけど」

浩一が力の抜けた声で答える。

「無理言ってごめん。浩一にはいつも感謝してる。あなたと結婚してから私、ずっと幸せだった……」

彼はファミリーレストランでアルバイトをしていた菜月を好きになってくれた人だ。仕事の帰りにほとんど毎日やって来て、メニューの中で一番安いナポリタンを食べていた。「ナポリタンお好きなんですね」と、ある夜、菜月がレジを打ちながら話しかけたら、「そうじゃなくて、あなたが好きなんです」と耳を真っ赤にして言ってくれた。

「なんだよ急に、子どもたちの前で……。それより俊介、入塾テストとやら、ちゃんと合格するんだぞ」

また泣き出した俊介が、俯《うつむ》いたままこくりと頷く。

浩一が俊介の頭をぽんぽんと軽く叩き、「じゃあおれ風呂入るよ。洗車したから体中ワックス臭くてさ」と浴室へと歩いていく。時計を見るといつのまにか十時を過ぎていた。

（藤岡　陽子『金の角持つ子どもたち』）

（注）※1　高卒認定試験……高校を卒業していない者などの学習成果を適切に評価し、高等学校を卒業した者と「同等以上の学力」があるかを判断する試験。
※2　菜月の過去……父親の病気のために、高校二年生だった菜月が学校をやめて働かなくてはいけなくなった。
※3　美音……俊介の妹。生まれつき耳が聞こえない。
※4　倫太郎……同じサッカーチームにいた友人。
※5　ホップ……通信教育。
※6　大きい子どもの保育園……学童保育のこと。

問一　――線部ⅰ「美談」、ⅱ「にじり寄って」の語句の意味を次の選択肢から選び、記号で答えなさい。

ⅰ「美談」
ア　苦労した話
イ　思わず涙を流す話
ウ　感心するような立派な話
エ　おもしろい話

ⅱ「にじり寄る」
ア　じりじりと近づいていく
イ　こっそりと近づいていく
ウ　激しい勢いで近づいていく
エ　体がすれるほど近づいていく

問二　――線部1「菜月は涙ながらに訴えた」とありますが、菜月がここまで必死に訴えるのは、俊介のことについてどのような思いがあるからですか。そのように思う理由もふまえて、七十字以内で説明しなさい。

問三　――線部2「私立には行かせられないだろう?」とありますが、==線部の「られる」が同じ意味で使われているものを次の選択肢から選び、記号で答えなさい。

ア　知り合いに声をかけられる
イ　これくらいなら覚えられる
ウ　お客様が来られる
エ　ゲームを捨てられる

問四　――線部3「夫婦の間に暗い色の大きな川が流れている」とありますが、どのようなことを意味するたとえですか。簡単に答えなさい。

問五　――線部4「浩一が『日本で一番難しいって、おまえ』と笑い出した」とありますが、このときの浩一の気持ちとして最もふさわしいものを次の選択肢から選び、記号で答えなさい。

ア　日本で一番難しい学校を目指したいと言う息子をたのもしく思っている。
イ　日本で一番難しい学校を目指したいと言う息子をできるわけがないとばかにしている。
ウ　日本で一番難しい学校を目指したいと言う息子にとまどっている。
エ　日本で一番難しい学校を目指したいと言う息子にあきれている。

問六　――線部5「裸の足先に涙のしずくがぽとりと落ちた」、――線部6「大きな手のひらで肩をつかまれた俊介が、また涙を滲ませ」とありますが、――線部5と――線部6の涙の意味の説明として、最もふさわしいものを次の選択肢から選び、記号で答えなさい。

ア　5　どうしても中学受験をしたいという気持ちを父親に否定され、悔しくて涙を流した。
　　6　最終的には俊介の気持ちを分かってくれたことにうれし涙を流している。
イ　5　どうしても中学受験をしたいという切実な気持ちが高ぶって涙を流した。
　　6　必死の訴えが通じ、受験を父が許してくれたことに安堵し涙を流した。
ウ　5　日本一難しい学校を受けたいと言ったことを笑われ悲しくて涙を流した。
　　6　最後には受験することを応援してくれたことをうれしく思っている。
エ　5　どうしても中学受験をしたいという強い気持ちから思わず涙が流れた。
　　6　第一志望校に受からなかったら広陵中学校に行けと言われたことにショックを受けて涙を流した。

問七　本文の内容に最もふさわしいものを次の選択肢から選び、記号で答えなさい。

ア　中学受験のための塾通いをめぐって家族が激しく口論する様子が、母親視点で描かれている。

イ　中学受験のための塾通いに関して、家族全員の思いが、それぞれの視点からわかりやすく描かれている。

ウ　中学受験のための塾通いに関して、反対する父親を三人で協力して説得する様子が、俊介視点で描かれている。

エ　中学受験のための塾通いに関して、家族全員がそれぞれの思いを真剣に語る様子が、母親視点で描かれている。

令和３年度

入学学力試験問題

算　　数

令和３年１月７日（木）　11時10分～12時00分（50分）

受験番号	

【注意】

1　指示があるまで問題用紙を開かないこと。

2　受験番号を解答用紙の決められた場所に記入すること。

3　計算等は，問題用紙の余白《よはく》を利用すること。

4　解答は，すべて解答用紙に書くこと。

5　試験終了後，問題用紙・解答用紙をともに提出すること。

学校法人　古川学園

古川学園中学校

1 次の $\square$ にあてはまる記号や数を答えなさい。

(1) 次のア～エの式の計算結果をそれぞれ求め，大きい順に記号を並べると $\square$ になる。

ア．$32-8+4$　　イ．$32-(8+4)$　　ウ．$(32-8)\div4$　　エ．$32+8\div4$

(2) $17.4\times\frac{2}{5}-8.5\times\frac{2}{5}-3.9\times\frac{2}{5}=\square$

(3) $\left(\frac{7}{15}-\frac{5}{12}\right)\times60=\square$

(4) $10\div0.01\times0.001\div0.1=\square$

(5) $6-\frac{4}{5}\div\frac{2}{3}=\square$

(6) $2\frac{1}{3}-\left(2-\frac{3}{4}\times\frac{2}{5}\right)=\square$

(7) $35:21=\square:3$

(8) $(3\times\square-7)\div2=4$

2 次の□にあてはまる数を答えなさい。

(1) □kgの15%は，300gです。

(2) 縦3cm，横5cmの色画用紙が1枚あります。この色画用紙と同じ大きさの色画用紙を，同じ向きにすきまなく並べて，一番小さな正方形を作るには，色画用紙はあと□枚必要です。

(3) 花子さんは，ハンバーグを作るために家庭科の教科書を見ました。右の表は，ハンバーグ1人分の分量の一部分を表しています。

今，ひき肉が96gあります。家庭科の教科書に書いてある分量と同じ割合でハンバーグを作るとき，必要なたまねぎの分量は□gになります。

ハンバーグ(1人分)
・ひき肉 120g
・たまねぎ 45g
・・・

(4) 14%の食塩水100gをビーカーに入れ，これを熱して水を蒸発させ，20%の食塩水にするには，□gの水を蒸発させればよいです。

(5) 1～5の袋の中に，金貨がたくさん入っています。ところが，これらの袋のうち，1つの袋にだけは，すべてニセ金貨が入っています。1の袋から1枚，2の袋から2枚，3の袋から3枚，4の袋から4枚，5の袋から5枚の金貨を取り出して重さを測ったところ，148gでした。本物の金貨は1枚10g，ニセ金貨は1枚9gであることがわかっています。ニセ金貨が入っていたのは□の袋です。

令和三年度　古川学園中学校　入学学力試験　国語

※100点満点
（配点非公表）

受験番号

一

問一
1
2
3
4
5
6

問二
1
2
3

問三

二

問一

問二
20
40
55

問三

問四
(1)
(2)

問五

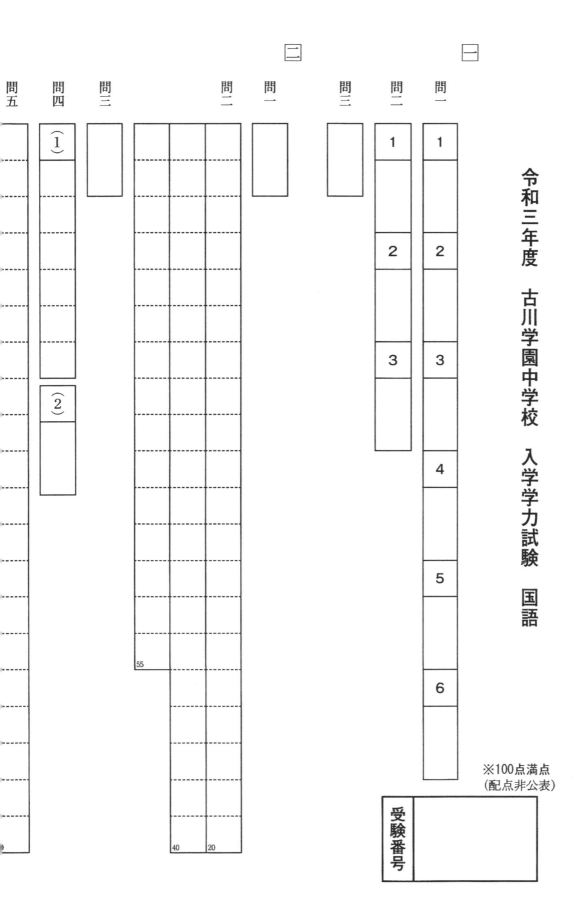

(7)	cm^2	(8)	cm^3		

3

(1)	m	(2)	君 → 君 → 君 → 君	(3)	分　秒

4

(1)		(2)		(3)	

5

(1)	L	(2)	L	(3)	分　秒後

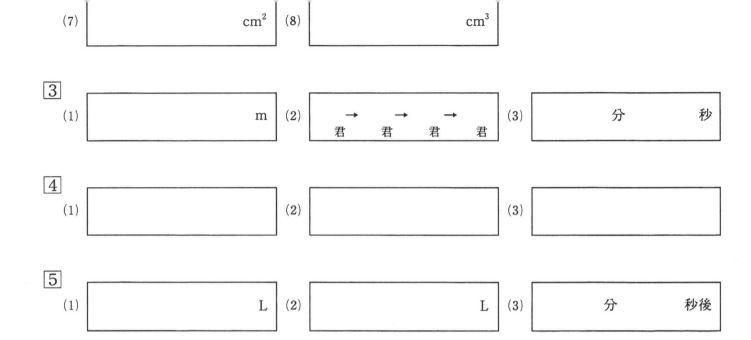

令和３年度　入学学力試験問題　算数　解答用紙

※100点満点
(配点非公表)

受験番号

※解答はすべて解答欄《らん》の中に書きなさい。

1

(1) →　→　→

(2)

(3)

(4)

(5)

(6)

(7)

(8)

2

(1) kg

(2) 枚

(3) g

【解答

問六
ア
イ
ウ
エ

問七
i
やす
ii
して
iii
き
iv
v

三

問一
a
b

問二

問三

問四
20
40
60

問五
ア
イ
ウ
エ

問六
ア
イ
ウ
エ

60

(6) 車輪の直径が50cmの一輪車に乗って，62.8mの円周上を１周するとき，一輪車は[　　　]回転します。ただし，円周率は3.14とします。

(7) 右の図形の影をつけた部分の面積は[　　　]cm^2です。ただし，円周率は3.14とします。

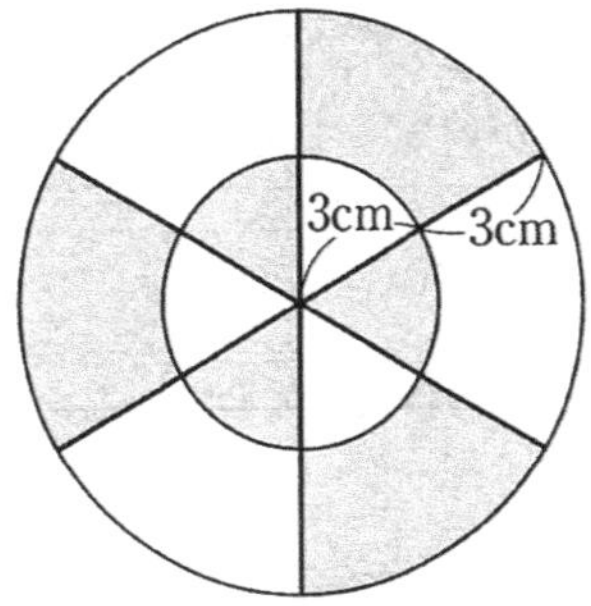

(円の六等分)

(8) 右の立体は，底面がADとBCが平行な台形の角柱です。体積は[　　　]cm^3です。

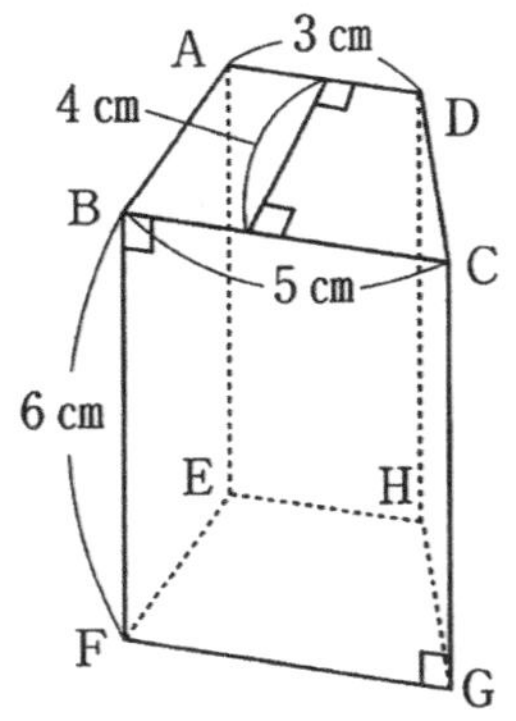

3 ある小学校で持久走大会が行われました。ＥさんとＦさんとＧさんが，Ａ君　Ｂ君　Ｃ君　Ｄ君の４人の結果について，以下のように話しています。

・Ｅさん「Ａ君はＢ君より早くゴールしたね。」

・Ｆさん「Ｃ君はＤ君と最後の最後まで競っていたね。１秒差だったね。」

・Ｇさん「１位とＤ君の間に一人だけいたね。Ｃ君は最下位ではなかったね。」

と話しているとＣ君が来て，

「Ａ君は４分00秒だったのか！30秒も離されてしまった。来年はもっと練習してＡ君に勝つぞ！」と意気込んでいました。

先生が最後に「Ａ君は分速250mで走っていました」と先生の計算結果をみんなに報告していました。

(1) この持久走大会でＡ君たちは何メートル走ったでしょうか。

(2) Ａ君　Ｂ君　Ｃ君　Ｄ君　の順位を早い順に書きなさい。

(3) Ｂ君がＤ君より15秒遅かったとすると，Ｂ君のタイムは何分何秒でしょう。

4 右のように，ある規則に従って偶数で三角形を作っていきます。例えば４段目左はじの数は14であり，右はじの数は20です。以下の問いに答えなさい。

2	・・・・・・１段目
4　6	・・・・・・２段目
8　10　12	・・・・・・３段目
14　16　18　20	・・・・・・４段目
⋮	

(1) ７段目の左はじの数字は何か答えなさい。

(2) 10段目に出てくる数字をすべてたすといくらになるか答えなさい。

(3) 20段目の右はじの数は何か答えなさい。

5 古川君は家の掃除中にお風呂の自動お湯張り機能の説明書を見つけ，兄と一緒に読みました。そこに，お風呂の湯量が最大300Lであることと，15分間でいっぱいになることが書いてありました。

(1) 自動お湯張り機能では，１分間で何Lのお湯がたまりますか。

(2) お風呂のお湯をいっぱいまで入れると入浴したときにあふれる湯量が多く，水道代を節約したい母は，お湯の量をいっぱいから１割引いた湯量にすることにしました。この時の湯量は何Lか答えなさい。

(3) 下のグラフは，早くお風呂に入りたい古川君が，お湯を入れ始めてから５分後に，蛇口から毎分10Lのお湯を入れることにしたグラフです。(2)より５L少ない湯量になるのは，最初にお湯を入れ始めてから何分何秒後でしょうか。

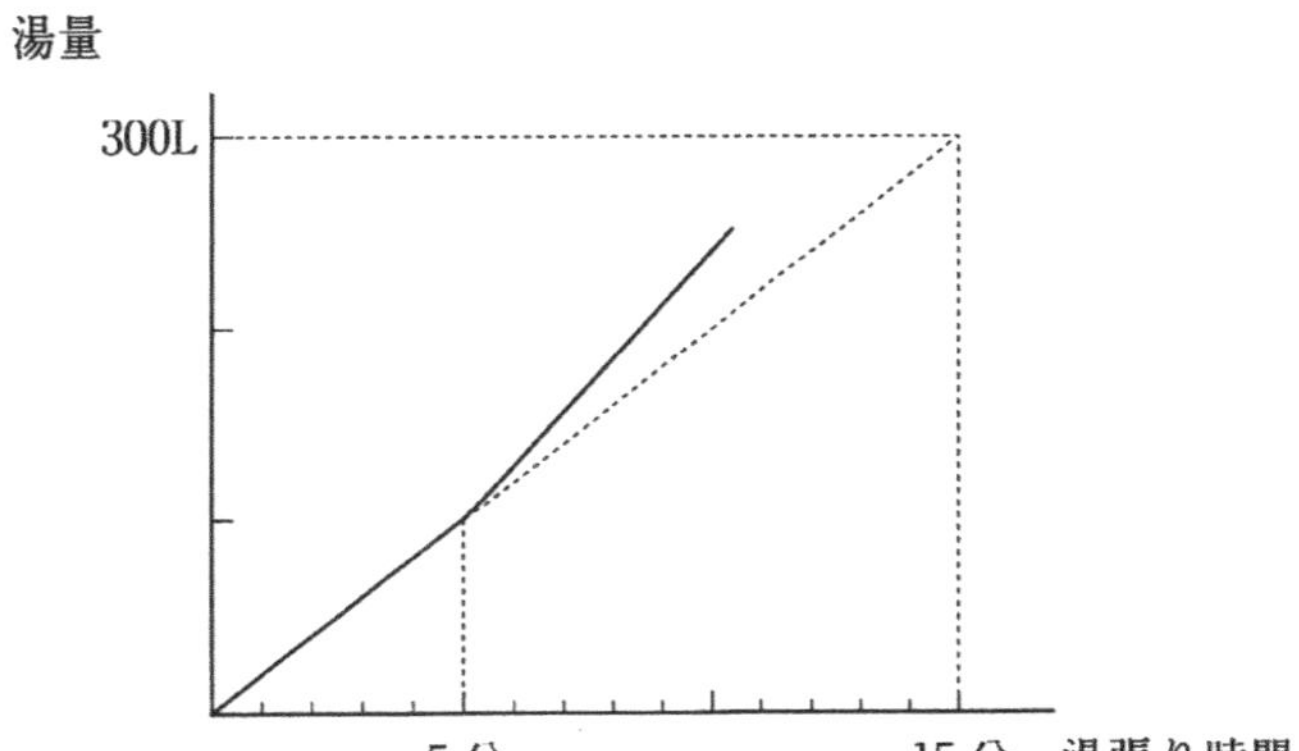

令和三年度
入学学力試験問題

国　語

令和三年一月七日（木）　十時〜十時五十分（五十分）

【注意】

一　指示があるまで問題用紙を開かないこと。

二　受験番号を解答用紙の決められた場所に記入すること。

三　下書き等は、問題用紙の余白を利用すること。

四　解答は、すべて解答用紙に書くこと。

五　特に指示がない場合は、句読点・記号等も一字に数えること。

六　試験終了後、問題用紙・解答用紙をともに提出すること。

学校法人　古川学園

古川学園中学校

2021(R3) 古川学園中
教英出版

一　後の問に答えなさい。

問一　問題文を読み、問の文章の【　　】に当てはまる言葉を後の選択肢《せんたくし》から選び、記号で答えなさい。

1

問題文
Aさんの家から10km離れたところに図書館があり、その途《と》中に学校がある。

問　図書館の方が学校より家から【　　】。

選択肢　ア　遠い　イ　近い

2

問題文
たかしは780円、あきらは630円持っていて、たかしもあきらも同じ本を買ったところ、たかしの残金はあきらの残金の2倍になった。

問　たかしの残金が300円だとすると、あきらの残金は【　　】である。

選択肢　ア　600円　イ　300円　ウ　150円

3

問題文
ヒトの体の質量の半分以上は水で占《し》められています。例えば血液の4分の3は水でできています。活動に必要な物質を体のすみずみの細胞《さいぼう》まで運び、不要な物質を受け取って排出《はいしゅつ》するためには、さまざまな物質をとかす水の存在が不可欠です。

問　ヒトの体の【　　】は水でできている。

選択肢　ア　半分以上　イ　4分の3以上　ウ　ほぼ全て

4

問題文
ムラサキツユクサなどの葉の表皮を顕微鏡《けんびきょう》で観察すると、向かい合った三日月形の細胞があることがわかる。この細胞を孔辺《こうへん》細胞という。また、2個の孔辺細胞に囲まれた隙間《すきま》を気孔《きこう》といい、孔辺細胞のはたらきによって開いたり閉じたりする。

問　開いたり閉じたりするのは【　　】である。

選択肢　ア　葉の表皮　イ　気孔　ウ　孔辺細胞

5

問題文

肝臓《かんぞう》では、アミノ酸の一部がタンパク質に変えられる。ブドウ糖の一部はグリコーゲンに変えられて一時的に肝臓に保存され、必要なときにブドウ糖に分解されて全身の細胞に運ばれる。

問　必要な時にブドウ糖に分解されるのは【　】である。

選択肢　ア　肝臓　イ　タンパク質　ウ　グリコーゲン

6

問題文

アフリカには鉱山資源が豊富に埋蔵《まいぞう》されています。南アフリカ共和国には石炭、鉄鉱石、金、そのほかのレアメタル、ナイジェリアやアルジェリアには石油、ボツワナやコンゴ民主共和国にはダイヤモンド、ザンビアには銅などが分布し、世界有数の生産量を誇《ほこ》る。

問　レアメタルは【　】で生産量が多い。

選択肢　ア　南アフリカ共和国　イ　ナイジェリア・アルジェリア　ウ　ザンビア

問二　問題文が正しいとき、問の文は正しいですか、誤っていますか。選択肢から選び、記号で答えなさい。

1

問題文

めしべの柱頭に花粉がつくことを受粉という。受粉が起こると、子房《しぼう》が成長して果実になる。このとき、子房の中にある胚珠《はいしゅ》が成長して種子になる。

問　種子は果実の中にある。

選択肢　ア　正しい　イ　誤っている

2

問題文

主権とはその国のあり方を最終的に決定する権力のことであり、その中には憲法を制定したり、改正するなどの大きな権限も含まれている。その主権が国民にあることを国民主権という。

問　国民は憲法を制定したり、改正したりする権限を持つ。

選択肢　ア　正しい　イ　誤っている

3

問題文

領海は、原則として干潮時の海岸線から12海里の範囲と定められている。その外側は、世界の国々が条約を結び、各国の海岸線から200海里以内にある水産資源や鉱山資源を自国のものにできる排他《はいた》的経済水域を設けている。

問 排他的経済水域は領海である。

選択肢 ア 正しい　イ 誤っている

問三 次の文の傍線部が指す地域はどこですか。選択肢から選び、記号で答えなさい。

南アジアで最も多くの人々に信仰《しんこう》されているヒンドゥー教は、多くの神々を信仰する多神教です。また、仏教もこの地域で生まれ、東南アジアや東アジアなどに広がっていきました。後にはイスラム教が伝わって、この地域は様々な宗教を信仰する人々が生活する場所となりました。

選択肢 ア 南アジア　イ 東南アジア・東アジア　ウ イスラム

二　次の文章をよく読んで、後の問に答えなさい。

著作権に関係する弊社の都合により
本文は省略いたします。

教英出版編集部

著作権に関係する弊社の都合により
本文は省略いたします。

教英出版編集部

著作権に関係する弊社の都合により
本文は省略いたします。

教英出版編集部

著作権に関係する弊社の都合により
本文は省略いたします。

教英出版編集部

著作権に関係する弊社の都合により
本文は省略いたします。

教英出版編集部

（池上　彰『なんのために学ぶのか』）

（注）※1「高尚」…学問、言行などの程度が高く、上品なこと。
※2「思索」…物事の筋道を立てて深く考えること。
※3「反芻」…繰り返し考えること。
※4「熟慮」…よくよく考えること。

問一　――線部A「そのため」とありますが、「その」は何を指しますか。最も適当なものを次の中から選び、**ア**～**エ**の記号で答えなさい。

ア　読書をすること。
イ　ものを考える苦労がほとんどないこと。
ウ　思索する仕事をやめて読書に移ること。
エ　ほっとした気持ちになること。

問二　――線部B「衝撃的でした」とありますが、それはなぜですか。五十五字以内で説明しなさい。

問三　[C]に当てはまる最も適当な言葉を次の中から一つ選び、**ア**～**エ**の記号で答えなさい。

ア　ああ、そうか
イ　本当にそうなのだろうか
ウ　それは違うんじゃないか
エ　そんなの当たり前のことだ

問四　――線部Ｄ「食物は食べることによってではなく、消化によって我々を養うのである」について、

（１）「食物」は何をたとえたものですか。本文中から六字で抜き出して答えなさい。

（２）「消化によって我々を養う」とはどういうことですか。説明として最も適当なものを次の中から選び、ア～エの記号で答えなさい。

ア　内容をそのまま受け取ることで、生きる力になるということ。
イ　熟慮することで、他人の意見をそのまま受け入れることができるということ。
ウ　精神の中に真の跡をとどめることで、自分のものになるということ。
エ　しっかりと考えることで、自分の思想を形成できるということ。

問五　――線部Ｅ「同じこと」とありますが、筆者が考える「映画を見ること」と「読書」の共通点は何ですか。六十字以内で説明しなさい。

問六　次のア～エについて、筆者の主張に合っているものには○を、筆者の主張と異なるものには×を、それぞれ解答欄《らん》に書きなさい。

ア　読書し終えたら、すぐに自分の感想を述べることが大切である。
イ　読書量は多ければ多いほど自分のためになる。
ウ　読書し終えたら、じっくり考えてみる時間が必要である。
エ　読んだ内容を他人と共有し、意見を述べ合うことはそこまで大切ではない。

問七　――線部ⅰ～ⅴのカタカナを、正しい漢字に直しなさい。

2021(R3) 古川学園中
K 教英出版

三　中学一年生でキャッチャーの山城瑞希《やましろみずき》は、ピッチャーとしてずば抜けた才能を持った転校生・作楽透哉《さくらとうや》と出逢《あ》う。全国大会に向け、二人は練習に励《はげ》んでいたが、ある日透哉のピッチングに乱れが出るようになってしまった。以下の文章は、悩《なや》む瑞希のもとへ、透哉が訪《たず》ねてくる場面である。よく読んで、あとの問いに答えなさい。

「どういうことなんだ。透哉」

「わからない」

あっさり答えが返ってきた。思わず顎《あご》を引いていた。

「わからない?」

「うん。自分でもどういうことか、よく、わからなくて……」

瑞希は身を起こし、まじまじと透哉を見詰《みつ》めた。透哉も顔をあげ、視線を向けてくる。以前のようにうつむいたり、目を背《そむ》けたりはしなかった。

「……けど、怖くはないんだ」

透哉が手を広げ、自分の前にかざす。

「どう言えばいいのか、上手くしゃべれないけど……、このまま、自分が投げられなくなったり、コントロールが全然だめになっちゃうみたいなこと……感じないんだ。むしろ」

「むしろ?」

透哉の頬《ほお》が僅《わず》かに※1紅潮《こうちょう》した。ほんの一瞬《いっしゅん》、迷うように口が閉じられる。しかし、一瞬だった。瞬《まばた》き一つ分の沈黙《ちんもく》の後、透哉ははっきりとした口調でしゃべり始めた。

「今まで、ボールを投げるときって、自分の力をボールに乗せるというか……託《たく》すみたいなこと考えて、投げてた」

「ああ、当然だよな」

「うん、けど、今は違うんだ」

「違う?」

「違うんだ。自分の力を上手くコントロールしてボールに乗せる……そういうのと違って……違って……コントロールできないぐらいの力を感じていて……それが、まだ、上手く……」

透哉が唇《くちびる》を噛《か》む。適切な言葉を見つけられない自分に苛立《いらだ》っているのだろうか。眼の中に影《かげ》が走る。透哉の言い表せない感情がゆらゆらと揺《ゆ》らめいている。

ぞくり。

瑞希の背中に悪寒《おかん》が走った。唾《つば》をのみこむ。十分に潤《うるお》っていたはずの喉《のど》の奥《おく》がいつの間にか、からからに乾《かわ》いていた。唇も口の中も乾き切っている。

予感がした。胸の鼓動《こどう》が速く、強くなる。

こいつ、大変なことを言おうとしてるんじゃないか。

「透哉」

乾いた唇を舐《な》め、再び身を乗り出す。

透哉と呼び掛《か》けた後、A<u>言葉が出てこなかった</u>。

今は、おれがしゃべるんじゃなく、こいつの言葉に耳を傾《かたむ》けるときなんだ。聞くんだ。ちゃんと聞くんだ。

全身を耳にして言葉を捉《とら》える。

透哉はコップに手を伸ばし、甘茶蔓《あまちゃづる》と蓬《よもぎ》のブレンド茶のコップを持ちあげる。一息に中身を飲み干す。

「おもしろい味だ」

手の甲《こう》で唇をぬぐい一息、吐《は》き出した。

透哉なりに緊張《きんちょう》しているのだろう。真剣《しんけん》に相手に何かを伝えようとすることは、疲《つか》れる。緊張もするし、ときに痛みを伴《ともな》いもする。

透哉は今、瑞希に何かを真剣に伝えようとしていた。

「信じられるんだ」

しばらくの沈黙の後、透哉が言った。さほど大きくはないが、小さくもない。くっきりとはっきりと、耳に届《とど》いてくる声だった。

「おれ、今まで自分のこと……ちゃんと信じたことなかった。信じようとしなかった。野球……大好きだけど、でも……自分がピッチャーに向いてないの、よくわかってたし」

「そんなことねえよ」

思わず a口を挟《はさ》んでいた。

「そんなこと、絶対にないって。おまえ、ピッチャーだよ。他のポジション考えられんぐらい、ピッチャーやないか」

「うん……だね」

透哉は真顔でうなずき、空になったコップを手の中で回した。

「もう一杯《いっぱい》、いるか?」

尋《たず》ねてから、頬が火照《ほて》るぐらい恥《は》ずかしくなる。

おまえは、アホか。

※2良治に後ろ頭をはたかれたような気がした。

なんちゅう、おマヌケなこと尋ねてんや。透哉が一生懸命《いっしょうけんめい》にしゃべろうとしているときに、よ。

透哉はかぶりを振《ふ》り、コップを置いた。水滴《すいてき》が一筋、コップの表面を滑《すべ》り、盆《ぼん》の上に流れていく。

「ここに来て、そう思えるようになった」

透哉が顔を上げる、視線を瑞希に向ける。

「おれ、ピッチャーなんだなって思えるようになったんだ」

「うん」

そうだ、おまえはピッチャーだ。絶対、誰が何と言おうと、何が起ころうと、作楽透哉がピッチャーだという事実は揺るがない。

「山城くんのおかげ……だと思う。いや、あの……思うじゃなくて、ほんとにそうだ。山城くんに逢わなかったら、おれ、きっと、自分がどのくらい野球が好きか……ってことも、ピッチャーなんだってことも、全然気が付かないままで……きっと、何も気が付かないまま、

「※3野球を止めてた」

　野球を止めてた？　おまえが、ボールを手放していた？

　背筋が寒くなる。

　もし、透哉が野球を捨て、グラウンドにもマウンドにも背を向けていたら、あの球をこのミットで受け止めることはできなかった。考えただけで、寒い。背中だけでなく、身体の芯《しん》から冷えてくる。

　出逢えて、よかった。

　それは瑞希の科白《せりふ》でもあったのだ。

「ずっと考えてたんだ。山城くんに逢わなかったら……どうだったろうって。いつもじゃないけど……よく、考えてた」

「うん」

「※4八頭森《やずもり》に来て、山城くんたちに逢って……マウンドにあがって、山城くんに……ボールを受けてもらえて……それで、おれ、すごい衝撃《しょうげき》っていうのか……何ていうんだろう、自分の中で……自分の中で、こう何かが弾《はじ》けたみたいな気持ちになった」

「うん」

　透哉の物言いはもたもたとして纏《まと》まりなく、たどたどしくさえあった。でも、聞くに値する言葉だ。瑞希の未来に繋《つな》がる言葉だ。

　透哉、しゃべれ。もっと、しゃべれ。

　おれは本気で聞いているから。

　いや、聞きたいのだ。透哉が何を言うか、聞きたい。

「投げたいと思った」

　透哉がコップを掴《つか》む。胸の内の感情を指先に託すように、強く握《にぎ》りしめる。細いけれど力に溢《あふ》れた指だ。

　瑞希は一瞬、幻《まぼろし》を見た。

　粉々に砕《くだ》けたコップの破片《はへん》が、煌《きら》めきながら四方に散る。そんな幻が脳裏《のうり》を横切り、消えていく。

「投げたい、投げたいって獣《けもの》が吼《ほ》えるみたいに、誰かが叫《さけ》ぶんだ。投げたい、投げたい……野球のボールを握りたいって」
B　そうか、おまえの身の内には獣が潜《ひそ》んでいたのか。
　透哉が唇を結んだ。

　顔つきが引き締《し》まる。そうすると、険しく鋭《するど》く猛々《たけだけ》しい何かが※5黒眸《こくぼう》の中に立ち現れる。

そのことに気がついたのは、最近だ。

　険しさとも、鋭さとも、ましてや猛々しさとも無縁《むえん》の透哉の内側から、立ち現れてくるのだ。

おそらく瑞希の他に誰も、本人さえも知らないはずだ。

　ピッチャーの眼だと、瑞希は直感した。

　こいつ、ちゃんとピッチャーの眼をしてやがる。

透哉の中に潜む獣と最初に遭遇《そうぐう》したのは、おれかもしれない。きっと、おれだ。

瑞希は、ミットを掴み、膝《ひざ》の上におく。革《かわ》の匂《にお》いをそっと吸《す》い込《こ》んでみる。

「驚《おどろ》いた。ほんとうにびっくりした。これは……何だって、驚いて、でも……やっぱり、投げたいんだ。投げたい、投げたい、どうしても投げたいって……思った。おれ、こんなに、野球が好きなんだ。投げたいんだって、思った。おれ、山城くんみたいに本気でボールを受けてくれる人がいるなんて信じられなくて……でも、夢じゃなくて、本当にボールを受けてもらえて……そしたら、無性《むしょう》にマウンドから離《はな》れたくなくなった」

そこで、一息吐いて、透哉はベッドに座る瑞希を見上げた。眸《ひとみ》の中にはもう、険しさも、猛々しさも b微塵《みじん》も浮かんでいない。

「おれ、わけのわかんないこと、言ってるよな」

「いや」

かぶりを振る。

「続けろ」

聞きたい。最後まで聞かせてくれ。ここで止めないでくれ。

頼《たの》む、透哉。

「信じられるんだ」

瑞希を見上げたまま、透哉が呟《つぶや》いた。

「おれ、自分を信じられる。今は……信じられるんだ。野球をもう一度始めたおれを……また、マウンドに立とうと思った自分を信じられる。きっともう……二度と、野球から逃《に》げたりしないって、信じられるんだ。おまえは大丈夫だって、自分で自分に言えるんだ。そういうの……すごいことで、おれにとっては、すごいことで……だから、山城くんにも……」

透哉が瞬きをする。一度だけゆっくりと。

「おれを信じてほしい」

瑞希は顎《あご》を引き、背筋を伸ばした。

「おれ、絶対に逃げないから……マウンドにずっと、立っていたいから……、だから、信じてほしい」

「うん」

そうだ、信じればよかったんだ。こいつはピッチャーなんだって、信じてさえいればよかったんだ。

コントロールが乱れただけで、おたおた悩《なや》むなんて、

「Cまだまだ、キャッチャーになれてないんやな」

ミットをこぶしで軽く叩《たた》いてみる。

こいつにも透哉にも、応《こた》えきれていない。

自分でも制御《せいぎょ》できないほど乱れ、乱したその先に、どれほどのピッチングが、どれほどの球が待っているのか。

武者震《むしゃぶる》いするほど楽しみではないか。

「グラブ、持って来てるか?」

瑞希の問いに、透哉は、はっきりと※6首肯《しゅこう》した。

「持って来てる」

「キャッチボール、しよか」

「うん」

透哉と瑞希は同時に立ちあがった。


（あさのあつこ『グラウンドの詩』ＫＡＤＯＫＡＷＡ）

（注）※1「紅潮」…興奮・緊張などで顔に赤みがさすこと。
※2「良治」…野球部のチームメイト。
※3「野球を止めてた」…透哉が以前所属していた少年野球チームで、チームメイトの友人が透哉の才能に嫉妬《しっと》し、透哉のバッグに他のチームメイトの財布《さいふ》を隠《かく》して、透哉に盗みの濡《ぬ》れ衣《ぎぬ》を着せたという事件があった。「お前にも野球にもうんざりだ」という友人の一言がきっかけで、透哉は瑞希に出逢うまで野球ができずにいた。
※4「八頭森」…瑞希たちがいる町。透哉は、祖母のいる八頭森に引っ越してきた。
※5「黒眸」…黒目。
※6「首肯」…うなずくこと。

問一 ══線部a「口を挟んで」、b「微塵も」の語句の、本文中での意味として最も適当なものを、次の中からそれぞれ一つずつ選び、ア〜エの記号で答えなさい。

a「口を挟んで」
ア 話に割り込む
イ しゃべりだす
ウ 隠《かく》していたことを白状《はくじょう》する
エ 言われると困《こま》ることを、言わせないようにする

b「微塵も」
ア ほとんど
イ たくさん
ウ 少しも
エ けっこう

問二　――線部Ａ「言葉が出てこなかった」とありますが、瑞希の言葉が出てこなかったのはなぜですか。その説明として最も適当なものを次の中から選び、ア～エの記号で答えなさい。

ア　喉の奥がからからに乾いていたから。
イ　透哉にかけようと思った言葉を忘れてしまったから。
ウ　自分が何かを言うよりも、透哉の言葉を聞きたいと思ったから。
エ　自分の気持ちを表す適切な言葉が見つからなかったから。

問三　――線部Ｂ「そうか、おまえの身の内には獣が潜んでいたのか」とありますが、「獣」とは、透哉のどのような気持ちをたとえた言葉ですか。わかりやすく説明しなさい。

問四　――線部Ｃ「まだまだ、キャッチャーになれてないんやな」とありますが、「キャッチャーになれていない」とはどういうことですか。六十字以内で説明しなさい。

問五　波線部「信じられるんだ」とありますが、ア～エの文中の、――線部の言葉の使い方が正しければ○を、正しくなければ×を、それぞれ解答欄に書きなさい。

ア　弟は、もう一人で洋服を着れる。
イ　このテストは、だれでも受けれる。
ウ　このはさみは厚い紙でも切れる。
エ　図書館の本は、一度に一人二冊まで借りれる。

問六　次のア～エについて、本文の説明として正しければ○を、正しくなければ×を、それぞれ解答欄に書きなさい。

ア　「……」を多用することで、透哉がたどたどしくも何とか自分の気持ちを瑞希に伝えようと、一生懸命しゃべっている様子を強調している。
イ　瑞希のせりふが少ないことが、透哉が一生懸命話していることと対照をなすことで、二人の野球に対する想いの強さに差があることを示している。
ウ　「目の中に影が走る」や「険しく鋭く猛々しい何かが黒眸の中に立ち現れる」など、瑞希から見た透哉の目の描写《びょうしゃ》によって、瑞希が透哉に感じている期待や恐《おそ》れを表している。
エ　「瑞希は一瞬、幻を見た。粉々に砕けたコップの破片が、煌めきながら四方に散る」という表現は、透哉の野球に対する想いを感じ取った瑞希の衝撃を物語っている。